HELMUT REISENER

Englisch
im Anfangsunterricht

1973
DON BOSCO VERLAG MÜNCHEN

1. Auflage 1973 / ISBN 3 7698 0182 2
© by Don Bosco Verlag, München
Umschlaggestaltung Hans Daucher, München
Grafiken Adolf Böhm, München
Gesamtherstellung Druckhaus Oeben, Krailling

INHALT

VORWORT

Diese Handreichungen richten sich an alle Lehrer, die Englischunterricht (EU) als Anfangsunterricht zu erteilen haben. Das schließt auch voll absichtlich den sich beständig ausweitenden EU auf der Primarstufe ein.

Wie jede an der Praxis orientierte Handreichung enthält und verarbeitet auch diese eine Fülle von Erfahrungen, Erkenntnissen und Einsichten, in denen sich der gesamte Bezugs- und Interdependenzkomplex von Theorie und Praxis manifestiert. Sich an der Praxis orientieren meint nicht die Anerkennung der *bestehenden* Praxis. Eine Wissenschaft, die sich allein auf eine bestehende Praxis projiziert, zerstört sich selbst. Praxisbezogene Theorie will immer die bestehende Praxis verändern und verbessern. Nur unter dem Postulat der Verbesserbarkeit der Praxis kann die Theorie leben. Und nur von einer sich so verstehenden und so verstandenen Theorie kann die Praxis Impulse erwarten.

Der Lehrer in der Praxis, der den Mut hat, nach Hilfen und Handreichungen für sein tägliches Tun zu fragen und zu suchen, ist der zuerst angesprochene Adressat dieses Handbuches. Indem er fragt und sucht, stellt er sich an die Nahtstelle von Theorie und Praxis und ist offen für neue Impulse, um sie wieder in die Praxis hineinzutragen. An der Nahtstelle von Theorie und Praxis will auch dieses Buch sein und bleiben.

Die weiteren Adressaten sind die Studenten des Faches Englisch an den Pädagogischen Hochschulen und Universitäten, denn dieses Handbuch bietet ihnen erste wichtige Aufschlüsse für die Theorie-Praxis-Korrelation, auf die sie sich ja vorbereiten. Zugleich aber haben sie damit auch schon eine erste Hilfe in der Tasche, wenn sie vor die Schulklasse treten. Und stets ist ja die erste Hilfe die allerwichtigste.

Diese Hilfen sollen hier nun aber nicht wie Rezepte ‚verabreicht‘ werden. Eigenes Weiterreflektieren, Weiterplanen und dazu nötiger Entscheidungsspielraum sind mitbedacht. Die aufgezeigten Wege sind nicht bis ins letzte vorgezeichnet, die Routen sind nicht endgültig abgesteckt. Der Lehrer muß von Station zu Station, von Lektion zu Lektion selbst planen. Die allererste Unterrichtsstunde bestimmt das Tun in der zweiten, die zweite wiederum gibt Aufschluß und Hinweise für die Planung der dritten, und so schreitet das in einem permanenten Prozeß von Entscheidungen fort.

Wer sich auf den Weg macht, muß sein Ziel kennen, und so ist hier zunächst von den Zielen auszugehen. Orientierungshilfen können die im folgenden umrissenen und erläuterten Grobziele für Englisch im Anfangsunterricht geben.

1. DIE LERNZIELE

1.1 Einige Hinweise und Erläuterungen

Das Lautunterscheidungsvermögen ist die erste fundamentale Leistung des Kindes in bezug auf sein sprachliches Umfeld.

Das sich dabei allmählich herausbildende Gedächtnis registriert die wahrgenommenen Unterschiede. Es wird unterstützt durch den jeweiligen oder jeweils sich wiederholenden Situationskontext, in dem Lautunterscheidungen vorgenommen werden.

Unterscheidungen im sprachlichen Umfeld und kontextgesteuerte Gedächtnisleistung führen zu Assoziationen, die wiederum vom Gedächtnis gespeichert werden (aber auch gelöscht werden können).

Kontextgebundene Motivationen führen unter Zuhilfenahme von Gedächtnis und Assoziationen zu ersten bewußten Imitationen und Reproduktionsversuchen von bisher rezeptiv aufgenommenen Sprachmodellen.

Imitationen und Reproduktionen geschehen über Annäherungswerte und werden durch Umweltreaktionen permanent korrigiert. Diese Korrektur kann deshalb wirksam werden, weil das Gedächtnis nicht nur speichern, sondern auch löschen kann (s. o.).

Nachdem hier in aller Kürze einige für den Fremdsprachenunterricht relevante Erkenntnisse der allgemeinen Spracherwerbstheorie zum besseren Vorverständnis umrissen sind, kann — daraus abgeleitet — nun an die nähere Beschreibung der Ziele für den EU im Anfangsunterricht gegangen werden. Der Lernzielkatalog orientiert sich primär am *Hören* und *Verstehen* als Vorausbedingung für die durch Unterricht ermöglichte Aneignung einer L_2.[1]

H ö r e n ist zu definieren als das registrierende, diskriminierende, kontrastierende und selektierende Wahrnehmen von Schallgebilden im phonetischen, rhythmischen und intonatorischen Bereich der Sprache. Hören ist das Wiedererkennen gleicher Laute und Lautgruppen, auch in Verschleifungen und Reduktionsformen. Hören ist Selektion zwischen signifikanten und redundanten[2] Lautgruppen.

---

[1] Zur Terminologie: Mit L_1 ist hier die Muttersprache (lingua prima) gemeint. L_2 meint die erste Fremdsprache, L_3 die zweite Fremdsprache etc.

[2] Redundanz meint die überflüssigen akustischen Teile der übermittelten Nachricht, also solche Elemente, die keine eigene Information liefern, wohl aber die Grundinformation in ihrer Absicht sichern und stützen.

Verstehen ist zu definieren als die Übertragung physikalisch wahrgenommener Schallgebilde in geistig vorgestellte Bedeutungsinhalte. Verstehen ist die Speicherung der auditiv wahrgenommenen akustischen Signaleinheiten der fremdsprachlichen Äußerung. Verstehen ist das automatisch-spontane Reagieren, nämlich die Situationserfassung und Intentionserfassung. Verstehen ist die kombinatorische Kontexterfassung als intraverbale und situative Unterscheidung struktureller (meist lautlich reduzierter) Elemente von den semantischen. Verstehen ist die Ermittlung der Bedeutung unbekannter (oder ungenau wahrgenommener) Elemente der Äußerung aus der Kontexterfassung und Kontextbeurteilung.

1.2 Allgemeine Lernziele für den Anfangsunterricht Englisch

1.2.1 Die Schüler müssen die Gewißheit und Genugtuung erlangen, daß sie die L_2 in zunächst begrenztem Umfang verstehen und sich in ihr mit einfachen Redemitteln verständlich machen können, ohne sich der L_1 zu bedienen.

1.2.2 Die Schüler müssen zu der Einsicht und Gewißheit geführt werden, daß man die neue Sprache als ‚Kode‘[1] lernen und dabei ständig erweitern kann.

1.2.3 In den Schülern muß schließlich die Bereitschaft entstanden sein, diesen neuen Bereich einer zweiten Sprache zu ‚erobern‘.

1.3 Lernziele für den Bereich des Verstehens

1.3.1 *Das Hören und das Hörvermögen müssen ausgeprägt und geschult sein.*
Die Schüler müssen lernen, dem Kommunikationspartner zuzuhören, auf seine Sprache (Kode) zu achten. Sie müssen erfahren haben, daß das Hören als Hinhören und Zuhören eine wesentliche Konstituente der Sprache als Kommunikationsmedium ist. Sie müssen gelernt haben, die neuen und ihnen noch unbekannten und unvertrauten Laute der L_2 zu unterscheiden und differenzierend und selektierend zu hören.

1.3.2 *Das Hören muß zu einem Assoziations- und Komprehensionsprozeß führen.*[2]
Die Schüler sollen in der Lage sein, aus einer bestimmten Flut von Sprechgeräuschen der L_2 schon bekannte und eingespeicherte Laute und Lautverbindungen sowie deren Signalwert wiederzuerkennen und mit bestimmten Kontexten und Begleitumständen zu assoziieren und dadurch zu verstehen.

---

[1] ‚Kode‘ ist rein linguistisch unter drei Aspekten zu definieren:
   a) Er ist das konventionell und sozial festgelegte und tradierte gültige Zeicheninventar einer Kommunikationsgemeinschaft.
   b) Der Grad der Kompliziertheit des Kommunikationssystems bestimmt das Volumen des Zeicheninventars.
   c) Neben der Menge der Zeichen ist das System, die Art und die Anzahl der Kombinationsmöglichkeiten zwischen den Zeichen des Inventars ein wichtiges Merkmal des Kodes.

[2] Komprehension = ‚comprehension‘ = Verstehen im weitesten Sinne

1.3.3 *Die Schüler sollen möglichst viel verstehen.*

Wichtig ist zunächst nicht so sehr ein großer aktiver Wortvorrat[1], wohl aber ein großes passives Wort- und Strukturinventar. Damit wird zunächst einmal Verstehen ermöglicht. Zudem lassen sich nur Bestandteile des passiv vorhandenen (verstandenen) Sprachvorrats in das aktive Repertoire überführen.

1.3.4 *Das Verstehen soll nicht auf den Lehrer fixiert sein.*

Auch andere Personen, vor allem aber auch aufgezeichnete Sprache der Tonträger sollen verstanden werden.

1.3.5 Das Verstehen soll sich nach gründlicher vorheriger Sicherung im gesprochenen Dokumentationsbereich der Sprache zunehmend auch auf den graphischen Dokumentationsbereich erstrecken, so daß auch bei einer zunächst künstlich herbeigeführten Begegnung mit dem Sprachrepertoire Informationsentnahme möglich wird.

1.4 Lernziele für den Bereich des Sprechens

1.4.1 *Die Schüler müssen fähig sein, die Laute, Lautverbindungen und Lautgruppen der L_2 (weit angenähert) richtig und sicher zu imitieren und zu reproduzieren.*

Ihre Sprechwerkzeuge müssen so ausgebildet und geschult sein, daß sie die in der L_1 bisher nicht bekannten Laute artikulieren können.

1.4.2 *Von der L_1 abweichende Intonierungen, Phrasierungen und Betonungen sollen in möglichst hoher Annäherung getroffen werden können.*

1.4.3 *Der aktive Sprachvorrat soll absolut sicher beherrscht werden.*

Die Schüler sollen frei und ungezwungen mit ihm umgehen können. Wichtig ist dabei nicht die quantitative Größe des Inventars, sondern die situative Verfügbarkeit und Operabilität. Wichtig ist also, daß sie den auch noch so geringen Sprachvorrat vielseitig, variabel und operabel im ureigentlichen Sinne der Sprache, nämlich als ‚Kode' anwenden können.

1.4.4 *Die Schüler sollen sich kommunikativ und situativ relevant äußern können.*

In von ihnen durchschauten Situationen sollen sie situationsangemessen und partnerschaftlich-kommunikativ solche Äußerungen machen können, die geeignet sind, eine kommunikative Interaktion zu tragen und zu garantieren.

1.4.5 *In begrenztem Umfang und nach hinreichender Entwicklung der Lesefertigkeit sollen die Schüler (zunächst sorgsam ausgewähltes) sprachliches Material auch graphisch fixieren können.*

Abschreiben, Einsetzen und Transformieren sind dabei die zuerst zur Anwendung zu bringenden Fertigkeiten.

---

[1] Aktiver Sprachvorrat ist der Vorrat, den der Schüler aktiv sprechend beherrscht.
Passiver Vorrat ist der Vorrat, den der Schüler im Verständnis verfügbar hat.

2. DIE VERMITTLUNG DES ERSTEN SPRACHREPERTOIRES

Gesprochene Sprache ist ein trialektisches Ganzes, das sich darstellt in *Lexis, Phonologie und Struktur*. Wir haben jede lebende Sprache unter diesen drei gleichrangigen Aspekten zu betrachten.

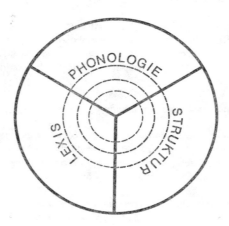

Eine gleichgewichtige Berücksichtigung dieser drei Aspekte darf nun in der Praxis nicht ein getrenntes ‚Abhandeln' jedes einzelnen Bereiches im Nacheinander bedeuten. Dem Schüler ein Lexikon (für die Lexis), ein Phonetiklehrbuch (für die Phonologie) und eine Regelgrammatik (für die Struktur) in die Hand zu geben und von ihm erst das Lernen und dann das Anwenden zu verlangen, wäre eine absolut unsinnige Folgerung, so absurd wie z. B. auch das Überbetonen von nur einem Bereich oder die Vernachlässigung eines anderen.

Der Sprachvollzug ist nur möglich durch die Interdependenz und das Ineinanderwirken aller drei Bereiche, und so müssen auch im Prozeß der unterrichtlichen Fremdsprachenvermittlung der lexikalische, der phonologische und der strukturelle Bereich gleichrangig, gleichgewichtig und *simultan* Lerngegenstand und Lernvehikel in einem sein. Schon in der allerersten Unterrichtsstunde sind alle drei Faktoren in einem interdependenten Miteinander im Spiele.

Auf dieses integrative Miteinander muß hier deshalb so nachdrücklich hingewiesen werden, weil nun im folgenden — in der Darstellung auf dem Papier nicht anders möglich — zu den einzelnen Bereichen gesondert Stellung genommen werden soll.

2.1 Der Ausgangswortschatz

Fragt man nach einer Konkretisierung des Lernzielkatalogs, so gelangt man zunächst in den Bereich der *Lexis*. Man muß sich grundsätzlich mit den Problemen des Wortrepertoires und der Wortschatzvermittlung auseinandersetzen.[1]

Es erweist sich als sinnvoll, dabei von folgenden Kriterien auszugehen:

a) Interessenbereiche der Kinder im jeweiligen Alter, d. h. zum Einsatzzeitpunkt des EU

b) Erlebnisfelder der Kinder

c) Aktualitätswert der Wörter und Äußerungen

d) Operabilitäts- und Transferabilitätswert

e) Schlüsselfunktion zum Erschließen der L_2

f) Frage der Prioritäten und Relationen im Zweisprachenvergleich

g) Relation von Semantik[2] und Strukturwortschatz

Es erweist sich ferner erst im Unterrichtsgeschehen selbst, daß es zwar sinnvoll und hilfreich ist, solche Überlegungen grundsätzlich anzustellen, daß dennoch aber auf eine frühe Festlegung zu verzichten ist, um für alle obengenannten Kriterien weiterhin offenzubleiben, da diese ja dynamische Funktion haben und die Akzente immer wieder verschieben. Die Interessenbereiche ändern sich relativ häufig und schnell, die Erlebnisfelder weiten sich, und der Aktualitätswert von Wörtern und Äußerungen wandelt sich für den Schüler entsprechend.

In den ersten Unterrichtswochen stellen sich erste Erfahrungen ein, die es ermöglichen, eine erste Wortschatzzusammenstellung zu wagen. Diese erste Zusammenstellung ist als eine Hochrechnung der in der ersten Zeit herausgefundenen Erfahrungswerte anzusehen. Die im folgenden angebotene Wortschatzliste ist nicht mehr als ein Ausgangspapier zur eigenen Erarbeitung weiterer Zusammenstellungen. Unterrichtsplanung ist ein Entscheidungsgeschehen und bedeutet das Hineingebundensein in einen permanenten Entscheidungsprozeß. So ist gerade in bezug auf die Wortschatzplanung eine ständige Überprüfung, Korrektur, Ergänzung und Streichung erforderlich.

---

[1] Eine empfehlenswerte Orientierungs- und Arbeitshilfe für diesen Bereich bietet Peter Doyé an mit dem Buch ‚Systematische Wortschatzvermittlung im Englischunterricht', Hannover-Dortmund, 1971.

[2] Semantik ist die Bedeutungs- und Sinntragung von Zeichen, Symbolen und sprachlichen Signalen.

2.2 Ausgangs-Wortliste

1. *toys*
boat
car
taxi
doll
<u>ball</u>
train
plane
teddy

2. *classroom*
pencil
book
board
table
chair
<u>picture</u>
chalk
pointer

3. *family*
father
mother
brother
sister
baby
<u>child</u>
grandfather
grandmother
son, daughter

4. *persons*
doctor
grocer
baker
policeman
postman
teacher
man
<u>woman</u>
friend
farmer
cowboy

5. *animals*
pony
dog
cat
duck
cow
<u>monkey</u>
bear
hen
rabbit

6. *at the table*
knife
spoon
fork
plate
cup
glass
<u>pot</u>
coffee-pot
tea-pot
milk-jug

**7. *parts of
the body***
finger
hand
arm
head
hair
nose
mouth
eye
ear
face
leg
body

8. *clothing*
dress
pullover
skirt
jacket
shorts
trousers
<u>shoes</u>
socks
petty-coat
boots
stockings

**9. *food
and drink***
porridge   cheese
pudding   sugar
apple   cornflakes
banana   lemonade
bread
butter
jam
egg
milk
cocoa
tea
coffee
<u>cola</u>

**10. *in the house,
around the
house***
door
window
radio
TV
telephone
sofa
bed
lamp
house
garden
garage
swimming-pool
tree

11.
day
morning
evening
night

days of the week

numbers

1.	2.	3.
play	good	I, you etc.
look	bad	
put	right	me, you, us, them
open	wrong	
shut	long	my, your etc.
sit	short	
stand	fat	this, that,
take	thin	these, those,
bring	old	here, there
fetch	small	
go	big	who, what,
give	warm	where, which
show	cold	
drink		in, on, at, behind, under,
eat	colours	out, in front of, between
come		
like		the, a, an
to have		many, much,
to be		some

Die hier vorgelegte Ausgangsliste enthält 87 Hauptwörter, 26 weitere Hauptwörter zur freien Entscheidung als Zusatz- oder Austauschangebot (jeweils „unter dem Strich" stehend), weiterhin die Wochentage und die Zahlen 1 bis 100. Der Strukturwortschatz ist von Anfang an schwer abgreifbar. Die Zahl der aktiv gebrauchten Strukturwörter ist mit etwa 100 anzugeben.

Der semantische Wortschatz ist nach 11 Kontext-Einheiten geordnet.

Die in der Liste enthaltenen Kontext-Bereiche entsprechen den Themenkreisen der Lehrwerke für den allgemeinen Anfangsunterricht (5. Schuljahr). Sie haben jedoch nur eine geringe programmatische Bedeutung. Die Gliederung des semantischen Wortschatzes in 11 Kontext-Bereiche ist mehr auf das Bedürfnis des Planers nach Übersicht und Ordnung zurückzuführen. Im Unterrichtsgeschehen werden diese Bereiche niemals nacheinander „abgehandelt". Es geht bei der Wortschatzerweiterung ständig von Themenkreis zu Themenkreis hin und her. So ist die Einteilung des Wortschatzes in Kontextbereiche primär eine Programm-Konstituente und weniger ein Faktor in den eigentlich methodischen Überlegungen.

Gehen wir nun auf die Wortschatzentscheidungen näher ein, so sind wiederum eine Reihe von Kriterien zu nennen, die bei der Entscheidung und Auswahl primäre Beachtung finden müssen:

2.2.1 Substantive
Hoher Häufigkeits-, Gebrauchs- oder Aktualitätswert, situative Verfügbarkeit, d. h. Hauptwörter, die in vielen anderen Kontexten wieder integrierbar und damit *operabel* sind. (Wir verzichten z. B. auf ‚desk' und verwenden auch im ‚classroom'-Kontext das Wort ‚table', da dieses Wort eine generellere Bedeutung hat, desgleichen ‚pullover' statt ‚sweater', ‚jumper' etc.)

Weiterhin: Möglichkeit der schnellen optischen Darbietung (in stufenweiser Abstraktion: Gegenstand — Modell — Bild — Wort).

2.2.2 Verben
Eindeutigkeit, Durchschaubarkeit, mimische und gestische Darstellbarkeit, Überwiegen der transitiven Verben.

2.2.3 Adjektive
Eindeutig, konkret, mimisch und gestisch darstellbar, kontrastreich, die Farben kommen früh hinzu, auf das Problem ‚big — little, small' ist besonders zu achten.[1]

2.2.4 Präpositionen
Eindeutig, anschaulich, demonstrierbar, ausgehend von ‚in', ‚on', ‚under'.

Unser Hauptaugenmerk bei der Wortschatzarbeit muß auf dem Strukturwortschatz liegen. Der Aufbau des semantischen Wortschatzes hingegen hat sich nach dem jeweiligen Situativ-Bedarf zu richten. Das entspricht dem ganzheitlichen und unreflektierten Sprachgebrauch der Kinder im Anfangsunterricht. Sie interessieren sich nur selten dafür, *was* das ist oder *wie* man es in der neuen Sprache benennen kann. Primär interessiert es sie, *wie es ist* oder *was* man damit *tun* kann.

Dieser Gesichtspunkt gilt in gleichem Maße für die Auswahl der einzuführenden Redemuster (‚utterance-patterns'). Auch hier hat der Gesichtspunkt der Operabilität die absolute Priorität. Die Aussage ‚This is . . .' gibt von der sprachlichen Verwendungsmöglichkeit und auch von der Motivation her gesehen weniger her als Aussagen wie ‚Give me . . .', ‚Show me . . .', ‚Bring me . . .'.[2]

Zusammenfassend ist für den Planungs- und Entscheidungsprozeß folgendes in thesenhafter Formulierung herauszustellen:

a) Wortschatz und Aussagemuster sind primär nach dem Gesichtspunkt der Operabilität[3] auszuwählen.

b) Neuer semantischer Wortschatz ist anhand von bekanntem Strukturwortschatz einzuführen. Desgleichen muß neuer Strukturwortschatz anhand von bekanntem

---

[1] L. Weidner und T. Morris, „Little" and „Small", in: ENGLISCH, 1/70, S. 20.

[2] Auf das Problem der kommunikativen Relevanz ist an anderer Stelle noch näher einzugehen.

[3] Zur Erläuterung von ‚Operabilität' siehe 2.2.1.

semantischen Wortschatz erworben werden. (Schlechthin kann Neues immer nur mit schon Bekanntem erschlossen werden.)

c) Gesamtwortschatz und Satzmusterbestand sind so auszuwählen und anzulegen, daß mit einem Redemittel-Minimum ein Verstehens- und Kommunikations-Optimum erreicht werden kann.

Mit einem mehrmals erprobten Beispiel soll im folgenden ein Vorschlag für die Gestaltung der Anfangslektion (und damit der Folgelektionen) angeboten werden.

2.3 Detaillierte Vorschläge für den EU in den ersten Wochen

S t u n d e n b i l d 1

Ablauf		Kommentar
L	Good morning, girls and boys!	Sitzordnung: Kreis
Ss	Good morning, Mr. R. (Mrs. N.)!	(ohne Tische)
L	Oh fine, you speak English!	
	Let's do it once more:	
	Good morning, girls and boys!	
Ss	Good morning, Mr. R. (Mrs. N.)!	
L	Fine, thank you.	
L	a ball — a ball — a ball — a ball ...	Aufforderung zur einfachen
Sn	a ball ...	Imitation
	— L. nimmt einen Ball mittlerer Größe heraus und zeigt ihn vor —	
L	a ball	
S_1	a ball, S_2 a ball, S_3 a ball, Sn a ball	Weitere Imitation
L	I have got a ball.	
	— Der Ball wird S_1 zugeworfen —	L. souffliert.
S_1	I have got a ball.	
L	Give me the ball!	
	— S_1 wirft den Ball zum L. zurück —	
L	Thank you! I have got the ball.	
	— L. wirft den Ball S_2 zu —	
S_2	I have got the ball.	Ball-Zuspiel (L. zu S_3, L. zu S_4 etc.)
S_1	Give me the ball!	L. macht andeutende Geste, S_1 den Ball zuzuwerfen. Dabei L. als Souffleur: Give me the ball!
L	Have you got the ball?	
S_1	Yes, I have got the ball.	
S_2	Give me the ball ...	
	Yes, I have got the ball.	

Ablauf		Kommentar
Sn	Give me the ball ...	
	Yes, I have got the ball.	L. jeweils: Have you got the ball?
		Der Ball wird weggelegt.
L	I have got a big ball!	Mimische Veranschaulichung
S_1	a big ball!	des ,big'
Sn	a big ball!	Imitation: big ball
S_1	Give me the big ball!	L. holt einen großen Ball
	— Zuspiel —	hervor (aufgeblasener Wasserball).
Sn	Give me the ball!	
L	I have got a little ball.	Mimische Veranschaulichung
S_1	I have got a little ball.	des ,little'
Sn	I have got a little ball.	L. holt einen kleinen Ball (Tischtennisball) aus der Tasche.
S_1	Give me the little ball!	
	— Zuspiel —	
L	Have you got the little ball?	Spiel- und Sprechkette
S_1	Yes, I have got the little ball!	Im Sprachüberhang des L.
Sn	Give me the little ball ...	jeweils: Have you the little
	Yes, I have got the little ball!	ball?
L	What have you got?	Spiel mit beiden Bällen (big and little ball)
S_1	I have got a big ball!	
S_2	I have got a little ball!	
Sn	I have got a little (big) ball!	Spiel- und Sprechkette
S_1 zu S_2:	Give me the little ball!	Spiel mit 2 Bällen
S_3 zu S_4:	Give me the big ball!	
L	1—2—3 big ball come to me!	Bittende Geste des L.
	1—2—3 little ball come to me!	S_1 u. S_2 werfen L. den Ball zu.
S_3	1—2—3 little ball come to me!	Reihenspiel
S_4	1—2—3 big ball come to me!	
L	Thank you, give me the balls!	Bälle weg
L	Stand up ... Sit down!	Geste
L	All the boys stand up!	
L	All the girls stand up etc.	Mehrere Wiederholungen
L	Good bye, girls and boys!	
Ss	Good bye, Mr. R. (Mrs. N.)!	

In dieser Lektion bewegen sich die Kinder ohne vorherige Einführung und Einstimmung unmittelbar, unreflektiert, situativ und spontan in der neuen Sprache. Dabei benutzen sie auf rein assoziative und imitative Weise folgende Sprechmittel:

a ball — a big ball — a little ball — the ball — the big ball — the little ball — I have got a ball — I have got a big ball — I have got a little ball — Give me the ball — Give me the big ball — Give me the little ball — 1—2—3 big ball (little ball) come to me — Good morning, Mr. R. (Mrs. N.) — Good bye, Mr. R. (Mrs. N.).

Sie hören und verstehen im sprachlichen Überhang[1] des Lehrers den folgenden passiven Wortschatz und die folgenden ‚utterances‘:
girls and boys — stand up — sit down — You speak English — Let's do it once more — Fine, thank you — What have you got? — Have you got? — balls — all.

Diese utterances im sprachlichen Überhang des Lehrers sind dem aktiven Sprachschatz, den die Kinder im situativen und spontanen Vollzug erwerben, quantitativ und qualitativ genau angemessen, d. h. aktiver und passiver Sprachschatz müssen in ihrem Volumen in einer vernünftigen Relation zueinander stehen, und auch der passive Sprachschatz muß sich wie der aktive genau im situativen Kontext bewegen.

Man kann mit dieser Lektion veranschaulichen, daß mit einem Minimum an Sprechmitteln ein Optimum an Operabilität erreichbar ist. Auf das Aussagemuster „This is a ball" wurde bewußt verzichtet. Der Gegenstand ‚Ball‘ hat für Kinder dieser Altersstufe einen anderen Aufforderungscharakter als den, ihn in der neuen Sprache lediglich zu benennen. Dagegen erscheint es der Motivation der Kinder angemessener und situativ logischer, die Patterns „Give me" und „I have got" einzuführen und in vielen möglichen Variationen immer wieder zu verwenden. Die beiden Extreme „big" und „little" unterstützen in ihrer Eindeutigkeit und Durchschaubarkeit unsere Intention der Wiederverwendung in den folgenden Unterrichtsstunden. ‚I have got‘, ‚Give me‘, ‚big‘ und ‚little‘ lassen sich immer wieder in Verbindung mit fast allen Gegenständen verwenden und aktivieren. Wir brauchen also nur weitere neue semantische Elemente substitutionell einzuführen und in unseren bisher erworbenen Sprachschatz einzusetzen oder einzuflechten. Der Strukturwortschatz steht hier im Vordergrund.

Daraus lassen sich weitere Vorschläge entwickeln:

Lektion 2: Wiederholung:
I have got a (big, little) ball.
Give me the (big, little) ball.

Guessing-game: S$_1$ wählt einen Ball aus und hält ihn hoch.
S$_2$ muß hinter dem Schrank oder in einer Ecke raten und fragen: „Have you got the big (little) ball?"
S$_1$ antwortet: „Yes, I have" oder „No, I haven't".

---

[1] Sprachlicher Überhang des Lehrers meint sein sprachliches Mehrangebot. Dieses Mehrangebot soll in den passiven Wortschatz der Schüler übergehen. Sie sollen es verstehen, es aber noch nicht sprechen. Wichtig ist ein ausgewogenes Verhältnis zwischen sprachlichem Überhang des Lehrers und aktivem Wortschatz der Schüler.

Lektion 3: Bring me . . . (the big ball, the little ball, the football).

Reim: 1—2—3, little (big) ball come to me.

Wechselspiel im Kreis: 1—2—3, please Billy come to me.

(Das aufgeforderte Kind darf in die Kreismitte treten und von dort wieder ein weiteres Kind auffordern.)

Lektion 4: Guessing-games:

Who has got the ball?

Has Billy got the ball? No!

Has Betty got the ball? No!

Has Bob got the ball?

Yes, Bob has got the ball!

Jenny has got a ball! (Jenny steht hinter der Klapptafel und hat einen Ball ausgewählt. Wir müssen raten.)

Have you got a big ball? — No!

Have you got a little ball? — No!

Have you got a football? —

Yes, I have got a football!

Lektion 5: Einführung der Farben (red, blue, green, yellow, black).

Weiterer Umgang mit den Bällen unter Hinzunahme der Farben. Alle Ratespiele können nun erneut aufgegriffen werden. Wir haben jetzt viele Bälle.

Betty has got a little green ball!

Peter's ball is blue!

In den Folgelektionen kommen weitere Gegenstände hinzu, mit denen ‚ball' substitutionell ersetzt wird. Die Darbietungs- und Übungsformen, die Spiele und Sprechketten werden beibehalten.

Neue Gegenstände: ring, book, bag, box, pullover, dress.

Weitere Beispiele aus dem Unterricht bis etwa Lektion 15:

Game: I see a pullover . . . It is green.

Is it Betty's pullover? No, it isn't.

Is it Billy's pullover? No, it isn't.

etc.

Game: I have got a book in my bag!

Have you got a green book? No, I haven't!

Have you got a red book? No, I haven't!

etc.

Sprechkette: I have got brown shoes, and you?

I have got black shoes, and you?

Game: I have got a little ring. Where is it?
  Is it in your bag? No, it isn't!
  Is it in your box? No, it isn't!
  Is it in your book? No, it isn't!
  etc.

Game: 1—2—3, what can you see?
  I can see a green pullover, I can see a red dress.
  etc.

Mit den Farben, mit Adjektiven wie ‚long', ‚short', mit Kleidungsstücken und einigen weiteren Gegenständen wie ‚bag', ‚box', ‚basket' bietet sich eine Fülle von Möglichkeiten, in immer neuen Variationen mit dem „alten" Sprachinventar umzugehen und dabei Neues mit aufzunehmen. Jedes neue Wort muß sich sinnvoll in Verbindung mit dem bisher erworbenen Inventar verwenden und anwenden lassen und muß zugleich aber auch in schlüsselhafter Funktion zum Erschließen neuer Felder geeignet sein.

Wir lernen keine ‚Vokabeln'. Wir erwerben immer nur das, was wir im Kontext benötigen, um kommunizieren zu können. Dabei läßt sich folgendes feststellen:

Für den Erstunterricht eignen sich große ansprechende Gegenstände wie Bälle, Ringe, Ballons. Anregung bieten dabei starke und leuchtende Farben, die eindeutig benennbar sind. Kinder sind zudem fasziniert von starken Gegensätzen und Kontrasten (big ball = Wasserball — little ball = Tischtennisball — big book = großes Lexikon — little book = ‚Mini'-Wörterbuch).

Alle Spiele wie z. B. die guessing-games sind in besonderer Weise geeignet, die Kinder zum Sprechen zu führen. Am sprechaktivsten sind die Kinder stets dann, wenn sie aus lauter Spieleifer, Wettkampfbegeisterung und Neugier ihr Sprechen in der L_2 kaum noch bemerken. Das ist eine der Brennstellen des Fremdsprachenunterrichts: Die Kinder interessiert primär das Spiel, die Kommunikation, das Tun im Miteinander. Der Lehrer ist primär am Sprechen selbst und an der Sprachvermittlung interessiert. Das erfordert eine bewußte „Schizophrenie" im didaktischen und vor allem methodischen Denken, was — freilich etwas überspitzt — mit einer Hypothese zu formulieren wäre:

Weil es dem Lehrer primär um Sprache-Lernen geht, muß er seinen Unterricht so konzipieren, daß es dem Schüler primär *nicht* um Sprache-Lernen geht.

Für den Unterricht in den ersten Wochen sind die folgenden, wiederholt bestätigten *Problemerfahrungen* zu bedenken und mit in das Planungskalkül zu nehmen:

1. In den allerersten Lektionen zeigen die Kinder eine spontane Bereitschaft zur Imitation. Sie sprechen allerdings auch nach, was der Lehrer noch nicht zur Nachahmung freigibt.

2. Die Kinder reagieren schnell und gut auf mimische und gestische Anweisungen und Aufforderungen. Bei verbalen Arbeitsanweisungen kann, was störend wirkt, auf die Muttersprache nicht verzichtet werden.

3. Die Vergessensquote ist generell niedriger als befürchtet.

4. Fehlassoziationen und Interferenzen[1] von der L_1 her sind zu Beginn recht groß (big wird ,dick' gesprochen etc.).

5. Auffällig ist auch, daß die Kinder zu Beginn des Unterrichts beim Sprechen leicht und oft in die L_1 „ausrutschen" (,give' wird ,gib' gesprochen, ,has' als ,hat', is als ,ist' etc.).

6. Zum Abbau der anfänglichen Sprechhemmungen empfiehlt sich das Chorsprechen, jedoch mit dem notwendigen Hinweis auf den dabei leicht möglichen ,correctness'-Verlust.[2]

7. Die Kinder bevorzugen — wie auch in der L_1 — kurze Äußerungen und vermeiden im Anfang selbst Reihungen mit „and". Diese von den Kindern bevorzugten Kurzäußerungen werden jedoch schon recht bald sehr sicher und in einer dem Vorbild gut angenäherten Intonation wiedergegeben.

8. In den ersten Wochen ist auf die genaue Aussprache und Lautbildung zu achten (zuvor aber auch auf das genaue Hören auf die fremden Laute). Es sind die ganz und gar fremden (weil in der L_1 nicht vorkommenden) Laute und Lautverbindungen, die die Kinder zunächst auch kaum richtig wahrnehmen und dann unbewußt mit einem L_1-Nächstlaut imitieren.

9. Eine besondere Gefahr liegt in den sehr früh einsetzenden eigenen Analogieschlüssen der Kinder. In einem zu früh Denkschlüsse fordernden Unterricht setzen die Kinder richtige Äußerungsteile sehr leicht falsch zusammen („How do you do?" — „Yes, I do" — „Is this a book?" — „Yes, it isn't" etc.). Dieser Gefahr ist allein dadurch zu begegnen, daß nur solche Sprechanlässe gewählt werden, die einen Spontan-Sprechprozeß ohne Denkunterbrechung initiieren.

10. Auf die Vermeidung von Häufungen sprachlicher Schwierigkeiten ist im Anfangsstadium besonders zu achten (a black bag — two books in a box).

11. Das Lernen von neuen Liedern sollte mit behutsamer Geduld auf wenigstens zwei Unterrichtsstunden verteilt werden.

---

[1] Interferenz meint die störende Einwirkung des muttersprachlichen Struktur- und Spurensystems, aber auch der muttersprachlichen Sprechgewohnheiten beim Lernen der Fremdsprache.

[2] „Fluency before correctness" ist eine von F. L. Billows geprägte Maxime. Siehe auch: F. L. Billows, The Techniques of Language Teaching, Longmans, London 1967.

Nach sechs bis acht Wochen können die Kinder mit Sicherheit folgende *Lieder* singen:

Good morning, good morning
Ten little Indians
Here comes a big red bus

Weiterhin sind ihnen kleine *Reimformen* geläufig:

1—2—3, little ball come to me!
1—2—3, what can you see? etc.

Der aktive *Strukturschatz* sollte bis dahin bestehen aus:

Good morning
Give me, please — thank you, here you are
Bring me (please)
Stand up — sit down (please)
It is — is it?
I have got — have you got? — What have you got?
I see — I can see — Can you see? — What can you see?

Dazu weitere Misch- und Kombinationsformen und Varianten.

Neben diesen festen Wendungen sollten die Kinder den folgenden *Wortschatz* beherrschen:

Semantik		*Struktur*	
ball	dress	I	green
morning	bus	a	yellow
boy	motor-car	good	black
girl	table	give	white
— the names —	skirt	me	you
football	ring	big	brown
— the numbers (1—10)	balloon	little	grey
Indians		stand	pink
book		come	long
basket		is	short
bag		has got (have got)	on
box		in	under
pullover		red	it
jacket		blue	

Dieser Wortschatz wird in den folgenden Unterrichtswochen nur geringfügig erweitert, da er kernhaft alle Möglichkeiten der Operabilität und Variabilität für eine erste Kommunikation bietet.

3. WEITERE PRAKTISCHE VORSCHLÄGE

Nach den ausführlich dargestellten und erläuterten Verfahrensmöglichkeiten für den Unterricht in den ersten sechs bis acht Wochen können die Vorschläge für den weiteren Unterricht etwas knapper und übersichtlicher gestaltet werden, ohne daß dadurch die Entscheidungsoffenheit eingeschränkt wird.

Ausgangsangebot, Alternativvorschläge und Kommentare sind in einer Synopse zusammengestellt. In Ermangelung besserer Begriffe wählen wir diese als Arbeitstermini und erläutern im folgenden das Gemeinte:

Das *Ausgangsangebot* ist nicht formal nach einzelnen Lektionen oder anderen Einheiten geordnet. Es ist nur vom Inhalt, d. h. vom Aufbau des Sprachschatzes her zu verstehen. Selbst in der chronologischen Folge der einzelnen Schritte bleibt Entscheidungsspielraum.

Gerade diesem Gesichtspunkt der Entscheidungsoffenheit dient auch das *Alternativangebot.* Es ist zum Teil auch als Mehr- oder Austauschangebot zu verstehen. Alle in diesem Angebot enthaltenen Vorschläge sind vielfach geprüft und erprobt worden. Wir messen also dem Entscheidungsspielraum in einer Handreichung für den Lehrer in der Praxis eine besondere Bedeutung zu.

Die *Kommentare* als drittes Element der Synopse sind nur im Zusammenhang mit den permanent geforderten Entscheidungen zu sehen. Sie haben für jeden Entscheidungsprozeß Steuerungs- und Korrekturfunktion. Gleichzeitig sind sie das konkret gefaßte und ganz auf Praxisbezug hin ausformulierte Ergebnis der Beobachtungen und Untersuchungen in unserem eigenen Unterricht.

3.1 Unterrichtsbeispiele

Ausgangsangebot	Alternativen und Variationen

1. What's in the box?
     a ball?
     a book?
     a ring?
     . . .
	What's in the bag?
	     my hand?
	     the basket?
	     my pocket?
	     . . .

2. There's a teddy-bear in my box!
     Is he sleeping?
     Is he sitting?
     . . .
	There's a doll in my box!
	     a jumping-jack!
	     . . .

There's something in my box!	I have got something in my box!
Is it a ball? — No it isn't.	Have you got a doll?　　　bag!
Is it a doll? — ...	...　　　...
...	

3. Good morning my friend,　　　　Hallo my friend, give me your hand!
   give me your hand!　　　　　　　Hallo my friends,
   　　　　　　　　　　　　　　　　　　　let's shake hands!
   　　　　　　　　　　　　　　　　Hallo friends — shake hands!

Kommentar

Zu 1. a) Es ist nötig, bei der Einführung sogleich mehrere ‚boxes' vieler Größen und Arten zur Verfügung zu haben. So kann der Gefahr begegnet werden, daß die Kinder sich gerade im Anfangsunterricht bei Einführung neuen Sprachmaterials sehr leicht rein assoziativ auf nur einen Anschauungsgegenstand (z. B. box = Schuhkarton) festlegen.

b) Auf die Frage ‚What's in my box?' ist die Antwort bzw. Gegenfrage ‚a ball?' eine legitime und sinnlogische Kommunikationsreaktion des Kindes. Alles Insistieren auf „den ganzen Satz" (Is there a ball in the box?) unterbricht den Spontanvollzug der Sprache und stört die sprachliche Kommunikation.

c) Die sprachliche Selektiv-Tätigkeit des Kindes wird aktiv, sobald es erste Wahlmöglichkeiten und Alternativen hat. Beispiel: What's in my hand? Es kommt häufiger vor, daß die Kinder auf diese Frage hin eine Gegenfrage mit ‚Have you ...?' anschließen. Auch hier würde das Insistieren auf die ‚richtige' Gegenfrage sich störend auf die Eigentätigkeit des Selektierens auswirken.

Zu 3. Dieser kleine „Reim" gehört zu den Aktions- und Sprechketten im Kreis (Begrüßung von Sitznachbar zu Sitznachbar). Mit diesem „Reim" sind die Kinder gefordert, ganz besonders auf die Lautunterscheidung bei ‚friend' — ‚hand' zu achten.

Ausgangsangebot	Alternativen und Variationen

---

4. Let's learn a new song!　　　　Text:
   　　　　　　　　　　　　　　　　Good bye boys, good bye girls,
   　　　　　　　　　　　　　　　　We all are going home,
   　　　　　　　　　　　　　　　　Good bye boys, good bye girls,
   　　　　　　　　　　　　　　　　And ev'ryone good bye.

5. Show me your

    ears

    fingers

    hands

    arms

    legs

    eyes

    nose

feet — (right or left) foot

mouth, face, head, hair, body, neck

6. A new rhyme:

Open and close, open and close,

that is a book and this is my nose![1]

...

...

I have 10 little fingers,

I have 10 little toes,

I have 2 ears — I have 2 eyes

and just one little nose.

My hands have 10 fingers,

my feet have ten toes,

I write with my fingers,

I dance on my toes.[2]

7. My name is Billy, and yours?

My pullover is blue, and yours?

Our car is red, and yours?

Our house has 10 windows,

    and yours?

...

...

Kommentar

Zu 4. Man sucht meist vergeblich nach Liedern, die sich für den Stundenschluß eignen. Wir haben dieses Lied selbst gemacht und singen es nach einer eigenen Melodie.

Zu 5. Es werden zunächst die meist im Plural benannten Körperteile eingeführt, um die Pluralform einzuprägen. Als einziges Singular-Wort wird ‚nose' hinzugenommen, da es sich im Auslaut von Plural-Wörtern nicht abhebt und damit eine Sprechererleichterung bietet. Außerdem bietet es sich von dem kleinen Reim (6.) zur Einführung an. Gleichzeitig haben wir damit schon eine Gegenüberstellung von Plural und Singular.

Da die Kinder schon zu diesem Zeitpunkt des Unterrichtsganges analogiehaft arbeiten, würden sie beim Ausgehen von der Singular-Form Fehlschlüsse

---

[1] Isa v. Hardenberg, Arbeitsformen und Arbeitsmittel für den Englischunterricht des 2. Schuljahres, in: ENGLISCH 2/69.

[2] Doris Schiebeck, Ein Versuch zum Frühbeginn des Englischunterrichts in Bochum, in: ENGLISCH 3/69.

ziehen (foot — foots). Wir gehen stattdessen den umgekehrten Weg und beginnen mit der Mehrzahl (feet — foot, fingers — finger, arms — arm etc.). Desgleichen führen wir stets unregelmäßige Formen vor den regelmäßigen Formen ein.

Zu 6. Der Reim bezieht sich nur auf ‚nose'. Er eignet sich besonders zur Vokabelwiederholung und -festigung. Er dient außerdem der Vorentlastung der ‚this'- and ‚that'-Problematik.

Ausgangsangebot	*Alternativen und Variationen*	
8. 1—2—3, please	1—2—3,	
Billy come to me	a(the) boy with	a blue pullover
Betty	girl	brown shoes
Jenny		long hair
. . .		. . .
		comes to me
	1—2—3—4, . . . goes to the door	
9. Show me your right		
left		
arm		
hand		
foot		
ear		
. . .		

Kommentar

Zu 8. Wir sitzen im Kreis und spielen ein einfaches Wechsel- und Bewegungsspiel. Ein Kind steht in der Mitte des Kreises und darf mit seinem 1—2—3-Reim bestimmen, wer als nächster in den Kreis kommen soll usw. Der Lehrer hat ein Beispiel vorgegeben. Da Kinder in dieser Altersstufe gern nur ihre Freunde und Sitznachbarn auffordern, heißt eine Regel für alle Spiele dieser Art: „Boys take girls and girls take boys".

Zu 9. Anhand der Körperteile lassen sich gut und leicht Testaufgaben zur Verständniskontrolle anfügen. (Show me your left nose, give me your right hand, give me your left ear, the boys with short hair stand up, the girls with blue hair stand up etc.) An der Reaktion (Spaß und Gelächter) bei den ‚silly commands' läßt sich das Begreifen und spontane Verstehen leicht und sicher ablesen.

Ausgangsangebot	Alternativen und Variationen

10. a pot full of	water	*Make new words:*
glass	milk	a coffee-pot
bottle	cocoa	a milk-jug
milk-jug	coffee	a coca-cola-bottle
cup	tea	. . .
	coca-cola	In the morning I drink milk
	lemonade	. . .

Substitutions:

I have a pot of water

. . .   . . .

I prefer hot   cocoa in the morning

            cold . . .

            warm . . .

My pot is full of water

. . .   . . .

I like milk and sugar

        cold cocoa

        . . .

Guessing-games:

What's in my pot?

        . . .

I drink a cup of milk in the morning,

and you?

. . .

and you?

Is it hot, warm or cold?

(Put your finger in it!)

A little story:

Little 3-year-old Ann tries to fill her cup with cocoa. And now everything is wet (brown).

Her hands are wet

    skirt   is wet

    . . .   . . .

Kommentar

Zu 10. Mit diesem Stoffangebot führen wir in einen neuen Kontext ein. Das Stoffangebot enthält Vorschläge für die Einführungslektion und zugleich alle in diesem Kontext möglichen ‚utterances‘, die in der Einführungslektion schon vorkommen, in den Folgelektionen aber erst einzuspuren sind. Das Alternativangebot gibt lediglich weiteren inhaltlichen Aufschluß und enthält zusätzliches Material.

Anmerkung: Bei der Einführung genügt zur Demonstration das Vorhandensein von ‚cup‘, ‚pot‘, ‚milk-jug‘ und Wasser. Der Unterricht vollzieht sich handelnd mit sprachlicher Begleitung.

Raten, was im Topf ist — raten, ob heiß, warm, kalt — prüfen — ausgießen, einfüllen.

Sprachlich ist gerade in der ersten Lektion ganz besonders auf die ,of'-Verbindung zu achten (a pot of, full of).

Ausgangsangebot

---

11. Ann has got a gap in her teeth.
12. A little rhyme[1]:
   One-two — I see you,
   One-two-three — you see me.
13. Another little rhyme[2]:
   1 banana - 2 bananas - 3 bananas
                          four,
   5 bananas - 6 bananas - 7 bananas
                          more!

Kommentar

Zu 11. Dieser Kontext ist zeitlich nicht einplanbar. Er ist dann aus der „Schublade" zu ziehen, wenn sich ein solcher Fall ereignet, d. h. wenn sich die Gelegenheit bietet. Siehe dazu auch Seite 45 f.

Bei ,teeth' gehen wir wiederum von der Plural-Form aus, um Fehlanalogien zu vermeiden. Siehe dazu Seite 26 f., Kommentar zu 5.

Zu 12. Dieser Reim bietet die Gelegenheit des ersten durch einen festen Text geführten und gesteuerten Dialogsprechens.

Zu 13. Wir benutzen diesen Reim als Abzählvers bei Spielen.

Zu der Arbeit mit den Reimen ist anzumerken, daß sie zwar gut geeignet sind, zusammenhängende Äußerungen memorieren und als gespeicherten Sprachschatz abrufbar sprechen zu lassen, jedoch führt das zu häufige Sprechen eines Reimes leicht in die Gefahr, daß die Kinder nicht mehr in der richtigen Intonation und Betonung sprechen. Diese Gefahr liegt oft auch im Reim selbst. Reime sind unter der besonderen Berücksichtigung gerade dieser Aspekte auszuwählen.

---

[1] R. Fromm - H. Reiß, Englisch in der Grundschule, in: Zeitnahe Schularbeit 8, Verlag Landesanstalt für Erziehung und Unterricht, Stuttgart 1969, S. 326.

[2] J. Dakin, Songs and Rhymes for the Teaching of English, Longmans, London 1968, 79 (Abwandlung).

Ausgangsangebot	Alternativen und Variationen
14. Let's learn a „new" song[1]: She'll be drinking coca cola, when she comes.	She'll be eating 20 apples . . . . . . all the . . . . . .
	She'll be drinking our whisky . . . . . . sitting in an old car . . . . . . bus . . .
	. . . wearing big pyjamas . . . . . . all her dresses . . . . . . (find more ‚stories')

Kommentar

Zu 14. Das Lied „She'll be coming round the mountain . . ."[1] läßt sich leicht umtexten. Die Kinder finden in endloser Folge eigene ‚stories'. Das Lied wird damit immer länger. Sie singen es immer wieder gern, weil es schließlich ‚ihr' Lied ist. Das endlose Verlängern und Umtexten des Liedes dient ganz besonders unserem Bemühen um Variabilität und Operabilität. Die Kinder sprechen (singen) unbewußt und ohne Schwierigkeiten eine recht komplizierte grammatische Konstruktion. Im Finden weiterer Textfolgen sind sie zudem sprachkreativ und sprachproduktiv gefordert. Und gerade solche Forderungen müssen als ein notwendiges Korrelat zu den im Unterricht sonst dominierenden Aktivitäten der Imitation und Reproduktion anerkannt und gepflegt werden. Das Herbeiführen einer solchen Möglichkeit kann mit diesem Beispiel demonstriert werden.

Nach Ablauf des zweiten Zeitraums von wiederum sechs bis acht Wochen sollen hier zwei aufeinanderfolgende Unterrichtsvorschläge und -beispiele dargestellt werden, die geeignet sein können, den „Stand der Dinge" zu verdeutlichen, indem sie dem Lehrer dazu dienen, sie mit seinem eigenen Unterricht zu vergleichen, sie in seinen Unterricht aufzunehmen bzw. sie dafür abzuwandeln. Unschwer läßt sich erkennen, daß es sich bei diesen Beispielen um tatsächlich abgelaufenen Unterricht handelt, der durch Tonbandprotokolle wortgetreu nachgezeichnet wurde.

---

[1] H. Rautenhaus (Hrsg.), Sing Every Day, Cornelsen, Berlin-Bielefeld 1962, S. 36, Nr. 48.

Stundenbild 2

Stundenablauf		Did.-method. Kommentar
L	Good morning boys and girls!	Good morning, good morning,
Ss	Good morning, Mr. R.!	good morning to you,
L	Let's sing: Good morning!	good morning, good morning,
L+		and how do you do.
Ss	Good morning ...	
L	Thank you!	
	Well, my name is ..., and yours?	
S₁	My name is Ann, and yours?	Kette: Fortsetzung S₂ zu S₃,
S₂	My name is Billy, and yours?	zu S₄ etc.

L	Thank you, fine.	
	Oh, I see a pullover — it is blue!	
S₁	Is it Martin's pullover?	
L	Martin's pullover? — No.	
S₂	Is it my pullover?	
L	Your pullover? — Yes.	
S₂	I see a pullover — it is green!	Kette: Fortsetzung des Spiels in
L	Thank you!	dieser Form

	And now let's sing: Ten little Indians!	Lied: One little, two little, three little Indians ...
L	I'm in the middle of the circle!	
	One-two-three, Bess, come to me!	Kette: Fortsetzung S₂ zu S₃ zu
S₁	(Bess): One-two-three, Bob, come to me!	S₄ etc. mit jeweiligem Platzwechsel. Dazu Anweisung: boys choose girls and girls choose
L	Thank you!	boys.

L	One-two-three, what can you see?	Dazu werden bekannte Gegen-
S₁	I can see a white box!	stände hochgehalten oder Bil-
S₂	I can see a big box!	der gezeigt.
S₃	I can see a big white box!	
S	One-two-three, what can you see?	Kette: Fortsetzung Sn
		Wer den Gegenstand am ausführlichsten beschreibt, darf mit
L	Thank you!	dem nächsten fortfragen.

L	What's in the box?	Guessing-game (Kette):
S₁	Have you got a little ball?	Wer den Gegenstand in der
L	A little ball? — Yes, here you are!	Schachtel errät, darf ihn an sich
S₁	Thank you — what's in the box?	nehmen und mit einem neuen Gegenstand das Spiel weiterführen.

Stundenablauf	Did.-method. Kommentar
	S Mac spielt mit seinem locke-
L Mac, please come to me! Show me your teeth! What's the matter with your tooth? Look at Mac's tooth! He can move it.	ren Zahn.
L Show me your teeth!	zu Sn
S₁ I have got a gap!	
S₂ I have got two gaps!	Kette: Fortsetzung
L Betty, bring me the blue ring, please!	Einpacken der Gegenstände,
S Here you are!	dabei Üben von:
L Thank you!	Here you are — thank you.
	Fortsetzung in dieser Form.
L And now let's sing our coca-cola-song!	Selbst abgewandeltes Lied, von den Kindern bisher folgende
L+ She'll be drinking coca-cola,	Strophen selbst gefunden:
Sn when she comes.	She'll be drinking **coca-cola** She'll be eating 20 apples She'll be eating 10 bananas She'll be swimming in the water.
L Open and close!	Ein Gegenstand wird in die
Sn Open and close, open and close, that is a book and this is my nose!	Kreismitte gelegt. Fortsetzung des Sprechspiels mit weiteren Gegenständen. Sn
L And now let's sing: Here comes a big red bus!	
L+ Sn Here comes a big red bus.	Testfragen zur Verständniskon-
L Fine, thank you!	trolle.
L The girls with short hair stand up! The boys with long hair stand up! The boys and girls with blue hair stand up!	Fortsetzung mit: a long nose, black cars, brown shoes etc. (normal and silly questions ge- mischt).
L How many cigarettes can you see?	Testfragen zur Kontrolle.
S I can see three cigarettes!	Zahlenbeherrschung im Zahlen- raum 1 bis 10. Fortsetzung — Sn —
L Thank you, and now let's sing our last song: Good bye boys, good bye girls ...	Text: (selbst entworfen) Good bye boys, good bye girls, we all are going home, good bye boys, good bye girls, and ev'ryone good bye.

Stundenbild 3

Stundenablauf	*Did.-method. Kommentar*

L Hallo, boys and girls!
Ss Hallo, Mr. R.!
L Let's sing: „Good morning ..."

> Die Kinder sitzen im Kreis.

L zu S: Good morning my friend, give me your hand!
S₁ zu S₂: Good morning my friend, give me your hand!
L Thank you, stop, fine!

> Sprechkette: Fortsetzung durch den Kreis, S_2 zu S_3 etc.

L Ann, you stand in the middle of the circle, please! Now, children tell me what Ann has got on!
S₁ (Kate) Ann has got a blue pullover on!
S₂ (Betty) Kate has got a white pullover on.

> Wechselspiel: Wer es richtig löst, darf selbst in die Mitte. Es werden nur ,pullover' und ,dress' erwähnt, diese aber genauer beschrieben: „Andy has a blue, white and red pullover." Es gibt auch einen Streit um ein Kleid, ob „red or pink".

L In the morning I drink tea and you?
S₁ In the morning I drink warm cocoa!
S₂ In the morning I drink cold cocoa!
S₁₀ I drink coca-cola in the morning!
L O, coca-cola! Let's sing our coca-cola-song!
L+ She'll be drinking coca-cola,
Ss when she comes.

> Fortsetzung dieser Sprechkette mit Sn
> Bei S_{10} taucht als eigene sprachliche Lösung das nachgestellte ,in the morning' auf.
>
> Coca-cola-song: s. Stundenbild 2.

L Open and close!
S₁ Open and close, open and close, that is a green ball and this is my nose!
L Thank you!

> L hat einen grünen Ball.

L Green ball, green ball, go to Susan!
S₁ (Susan): Green ball, green ball, go to Carol!

> Spiel: Der Ball rollt von Schüler zu Schüler durch den Kreis mit Sn.
> (Boys take girls and girls take boys.)

L And now listen: one — two — three, green ball come to me, 1—2—3, green ball come to me!

> Schüler bitten mit diesen Äußerungen um den Ball.
> L fordert entsprechende Schüler auf (Fortsetzung mit Sn).

Stundenablauf	Did.-method. Kommentar

L   And now let's sing „Ten little Indians"!

L+
Ss   Ten little Indians . . .

L Connie, one — two, I see you! S (Connie) 1—2, I see you!	Ein neuer Reim wird eingeübt: One-two, I see you. One-two-three, you see me. (Dabei stehen die Sprechpartner sich gegenüber und zeigen im Sprechrhythmus wechselseitig auf den Partner und auf sich.)

L   Good
 L   Martin, 1—2, I see you!
 S   (Martin), 1—2, I see you!
 L   Stop, thank you!
 L   Connie, I'll say: 1—2, I see you!
        you say: 1—2—3, you see me!
 L   1—2—3, you see me!
 L   All together
 Ss   Chor: 1—2—3, you see me!
 L   And now Martin! 1—2, I see you!
 S   (Martin) 1—2—3, you see me!
 L   And now Ann!
        . . .
 L   And now let's all say it!
 Ss   1—2, I see you!
        1—2—3, you see me!
 	
 L   Thank you!
	Fortsetzung (Imitation) mit Sn und im Chor — mehrmals.
	
	 Teil 1 und Teil 2 des neuen Reimes werden nacheinander und dann zusammen geübt.
	
	 Mehrmaliges Weiterüben:
	 Lehrer — Schüler (Sn).
	 Dabei ist begleitendes ‚Souffleur-Sprechen' des L z. T. noch erforderlich.
	
	 Das wechselseitige Aufeinanderzeigen im Sprechrhythmus gelingt noch nicht immer und erregt Heiterkeit.
	
	 Danach mehrmaliges Weiterüben Schüler—Schüler.

L   Let's sing: Here comes a big red bus.

L+
Ss   Here comes a big red bus.

L   1 banana, 2 bananas, 3 bananas, 4 —,
        5 bananas, 6 bananas, 7 bananas, more!
 S_1, S_2, S_3
 	
 L   Now we have four boys in the middle,
        and you tell them what they have to do!
 L   Tim, show me your right hand, please —
        that's correct.
	Abzählreim: L geht dabei an Schülerreihe im Kreis entlang und zählt ab. Das Kind mit ‚more' darf in den Kreis. Der rechte Nachbar darf weiter abzählen. L geht als ‚Souffleur' mit. Fortsetzung 3 mal. Im Kreis sitzen danach 4 Kinder.

34

S₁	Martin, show me your left ear, please!	Fortsetzung dieses Spiels mit Sn
L	Thank you, go to your chairs, boys!	(L ruft auf, wer ‚commands‘ geben darf).

L	1–2–3, Connie, come to me!	Wechselspiel wie in Stunden-
S	(Connie) 1–2–3, Susan, come to me!	bild 2.
		Fortsetzung: S₁ zu S₂ zu S₃ etc.
		Lehreranweisung:
		boys take girls and girls take boys.

L	Thank you, stand up, girls and boys!	
	Let's sing our last song today:	
	Good bye boys, good bye girls . . .	Liedtext: s. Stundenbild 2.

Ausgangsangebot	*Alternativen und Variationen*

15. Our jumping-jack
    A rhyme:
    Jumping-jack jump,
        good morning to you!
    Jumping-jack, jumping-jack,
        how do you do?

Let's draw a funny jumping-jack:

one leg is green, one leg is blue.
The jumping-jack has got a yellow arm
    and a red arm.
My jumping-jack has got a black hat on.
I have got a jumping-jack with a blue
    pullover.
. . .

Who has got a jumping-jack of
his own?
Tell us what they look like!
    what they wear
    where they are.
Bring them with you for the next
lesson.
We'll compare our jumping-
jacks.
Our jumping-jacks can speak!
What do they say?

Kommentar

Zu 15. Das Thema ‚Jumping-Jack‘ dient der Wiederholung der Körperteile, der Kleidungsstücke und der Farben.

Den kleinen Reim haben wir selbst im Unterricht entwickelt, als wir die Jumping-Jacks sprechen ließen und erste Dialogformen entwickelten.

16. We play a new game
    Jumping-jack, jumping-jack,
      go to the door (board, window . . .)!
    Jumping-jack, jumping-jack,
      sit on the floor!
    Jumping-jack, jumping-jack,
      go (run, jump . . .) to your chair!
    Jumping-jack, touch your hair!

17. The numbers

    The ordinals

Kommentar

Zu 16. Die Kinder sind selber ‚jumping-jacks' und führen die Befehle aus, die anfangs der Lehrer und danach einzelne Mitschüler ihnen erteilen. Wichtig ist, daß die ‚commands' nach dem eigenen Belieben der Kinder und nach ihrer eigenen Phantasie gegeben werden können. Und wichtig ist bei diesem Spiel, daß die Kinder sich bewegen können.

Zu 17. Die Zahlen sind von den ersten Lektionen an zumindest bis 10 schon immer vorgekommen und nun auch schon hinreichend gefestigt (so z. B. durch das Lied „Ten little Indians"). Viele Kinder konnten ohnehin schon bis 10 zählen, als der Unterricht begann. Die Zahlen werden jedoch erst jetzt systematisch in den Unterrichtsgang hineingenommen.

Dabei ist folgendes zu bedenken:

a) Das Mengenverständnis und der operative Umgang mit Anzahl und Menge ist Gegenstand des Anfangsunterrichts im ersten Schuljahr und darf durch unsere Zahleneinführung nicht gestört werden.

b) Es geht uns primär um das Zählen und Auszählen, nicht um Rechenoperationen.

c) Es geht uns weiterhin um die Assoziation und Zuordnung von Zahlensymbol und Wort. Sobald das geleistet ist, kann neben dem Bild auch die Ziffer als optische Erinnerungshilfe herangezogen werden.

d) Die Zahleneinführung muß gegenstandsgebunden erfolgen. (How many lamps in the classroom? How many windows can you see? etc.) Die bei dem Umgang mit Zahlen notwendige Sprech- und Ausspracheübung muß hingegen davon losgelöst erfolgen (so z. B. bei der Artikulation bei ‚three', ‚eight', ‚nine').

e) Wir zählen zunächst von 1 bis 20 und achten dabei auf die Betonung der zweiten Worthälfte der Zahlen im zweiten Zehnerraum 13 bis 19 (z. B. six-*teen*). Wollen wir die exakte Aussprache, so bedarf es hier einer beson-deren und intensiven Übung, da wir gegen die Interferenz von der Mutter-sprache her ankämpfen müssen (*sech*zehn — six*teen*).

f) Wir führen dann die Zehner ein (30 bis 100) und füllen danach bis 100 auf. Hierbei zeigt sich die Neigung der Kinder, die Zahlen im zweiten Zehner-raum mit den Zehnerzahlen zu verwechseln (sixteen statt sixty). Auch die-sem Problem ist nur mit sehr genauen Hinhör-Übungen und intensivem Üben zu begegnen.

g) Das Wetteifer- und Vergleichsbedürfnis der Kinder kommt uns in diesem Bereich weit entgegen. Die Kinder übertrumpfen sich im Bestreben, den Zahlenraum zu vergrößern und mit Zahlen umzugehen. Wir versuchen zusätzlich, rückwärts zu zählen, mit Zahlenlücken zu spielen und derglei-chen mehr.

h) Mit den gesicherten Zahlen haben wir ein weiteres Mittel in der Hand, den schon erworbenen Sprachschatz noch weiter variabel und operabel zu machen.

Ausgangsangebot	*Alternativen und Variationen*

18. L — In our sitting-room we have got many books and you?
   In our kitchen we have got ...
   S$_1$ — In our sitting-room we have got a table and you?
   In my bedroom I have got ...
   S$_2$ — ...
   In my school-bag I have got ...
19. L — In our kitchen we have got: four chairs, and a cupboard and two lamps and a mixer ... Is your story longer?
   In his car father has got ...
   In her room my sister has got ...
20. Let's learn a new song: „What are we doing" ...

Substitutionelle Möglichkeiten:
What are we (am I, is he, is she, are you) doing?

Text:
What are we doing?
We're washing our hands,
We're washing our hands,
We're washing our hands,
What are we doing?
We're washing our hands,
We're washing our hands
this morning.
Melodie nach „Here we go round the mulberry-bush".

We're	washing	our	hands
I'm	brushing	my	face
He's	cleaning	his	arms
She's		her	hair
You're		your	ears
			feet
			shoes

Kommentar

Zu 18. Gegen Ende des ersten Schulhalbjahres empfiehlt es sich, das freie Erzählen stärker in den Vordergrund zu nehmen und besonders zu pflegen. Zu Beginn jeder Lektion wird zwei oder drei Minuten lang frei erzählt. Wir beginnen mit dem Erzählen über unser Zuhause. Die Erzählgegenstände müssen echt sein, damit auch die Motivation echt sein kann. Jeder erzählt also, was seine Zuhörer (die Mitschüler, der Lehrer) nicht oder noch nicht wissen können.

Zu 19. Wie schon an anderer Stelle erwähnt, versuchen die Kinder sprachliche Forderungen so kurz und einfach wie möglich zu lösen. (Eine lange und komplizierte Frage ist ja in der Tat auch oft mit einem einzigen Wort voll beantwortet.)

Wir versuchen in den ‚free talks' die Kinder zu längeren Äußerungen zu bewegen und bedienen uns dabei wiederum ihres Bedürfnisses nach Wetteifer und Vergleich. Auch der Erzählhaltung der Kinder dieser Altersstufe ist Rechnung zu tragen. Sie neigen dazu, im Erzählen das Reihungsprinzip anzuwenden (wir nennen es „long stories").

Zu 20. Dieses Lied ist in ähnlicher Form auf einer Plattenbeilage der Zeitschrift ENGLISCH zu hören.

Wir haben wie bei dem ‚coca-cola-song' damit wieder ein weiteres Lied, das unserem Bemühen um Variabilität und Operabilität in besonderer Weise entgegenkommt. Das Lied beschreibt Handlungen in der Verlaufsform der Gegenwart. Es läßt sich gestisch begleiten. Wir können der Verlaufsform die einfache Gegenwartsform entgegenstellen: Billy wash your hands! What is he doing? He's washing his hands. Lets sing it. Das Lied ist in Frage- und Antwortform gefaßt. Wir können deshalb dialogisieren und im Wechsel singen. Der einzelne fragt, der Chor antwortet, der Chor fragt, der einzelne antwortet.

Ausgangsangebot		Alternativen und Variationen		
21. What we wash	parts of the body	Oral substitution-drill:		
brush	things in the			
clean	class-room	I	my	face
	toys	Mother wash(es)	your	hands
What Mother washes	things in the	Father clean(s)	his	neck
cleans	kitchen (rooms)	He brush(es)	her	hair
brushes	clothing	She	our	teeth
		You	the	dog
		We		cups
				glasses
				sofa
				car

22. Our house
    What we have got in our house
    Our house on the flannel-board
    We draw our house

    around the house
    the garage
    the garden
    Pictures of houses

23. Let's learn a new song:
    „I saw a little bird"

24. Let's learn a new rhyme:
    One, two, old is not new,
    new is not old,
    warm is not cold,
    cold is not warm,
    wind is no storm.

Kommentar

Zu 21. Mit den transitiven Verben ‚wash', ‚brush' und ‚clean' setzen wir zu einer ersten Übung an, welche die Kinder die jetzt schon mögliche Vielfalt und große Anzahl der Aussagen mit ihrem noch geringen Wortschatz erleben lassen soll. Bei ‚washes' und ‚brushes' geht es uns um die ‚es'-Endung. Wir verzichten dabei jedoch nicht auf den gleichzeitigen Gebrauch von ‚cleans'. Beide Endungsformen werden in einem Kontext nebeneinander gebraucht.

Zu 22. Der Erlebniskreis wird in konzentrischen Kreisen nun auf den Kontext ‚Haus' und ‚Hausumgebung' erweitert.

Zu 23. In diesem Lied taucht zum ersten Mal eine Vergangenheitsform auf. Wir lernen dieses Lied im Zusammenhang mit dem Thema ‚Vogelfütterung' im Winter (What birds eat in winter — What they can find — How we can help them)!

Wir blenden im folgenden ein Stundenbild ein und wollen damit das bisher Angesprochene veranschaulichen.

Stundenbild 4

Stundenablauf	Did.-meth. Kommentar
L Good morning, girls and boys!	
Ss Good morning, Mr. R.!	
L Let's sing: Good morning!	Lied: Good morning . . .
L Thank you!	
L Let's tell stories: I'll begin —	
In my room I have got many books!	
What have you got?	
S₁ In my room I have got many motor-cars!	

	— Fortführung bis S₇ —
S₈	In our sitting-room we have got a table!
L	O yes, tell me what you have got in your sitting-room!
S₉	In our sitting-room we have got three arm-chairs!
	— Fortführung bis S₁₂ —
S₁₃	In our sitting-room we have got two arm-chairs and one chair!
L	That was a long story! Let's tell long stories! — In my room I have got many books and a lamp and a chair and a window!
S₁₄	In my room I have got 10 lamps!
S₁₅	In my room I have got a bed! In my room I have got many books! In my room I have got a lamp!
L	A lamp. Good. Thank you! You say: In my room I have got a lamp *and a bed and a table ...*
S₁₆	In my room I have got many books and a table and two chairs!
L	Good! That was right!
	— Fortführung bis S₁₉ —
L	Yes! In my bag I have got books and a pencil and a pen! What have you got in your bags? Tell me a long story!
S₂₀	In my bag I have got one pencil-case and three books and ...
L	What about apples, bananas?
S₂₀	No!
S₂₁	In my bag I have got three books!
S₂₂	In my bag I have got two pens and three books!

<table>
<tr><td>L</td><td>Good! — In my wardrobe I have got three pullovers, two jackets, one skirt ... Oh no, that's not in my wardrobe. That's in Ann's wardrobe. — Now tell me what you have got in your wardrobes.</td><td>Gelächter in der Klasse und damit bewiesenes Verständnis</td></tr>
</table>

S₂₃	In my wardrobe I have got many pullovers, one dress and many skirts!
	— Fortführung bis S₂₅ —
L	Good, thank you! These are long stories, you see. — In our kitchen we have got one coffeepot,

one teapot, many glasses, a lamp,
a window, bottles... What have you got?
What have you got in your kitchen?
In our kitchen we have got ...

S_{26} In our kitchen we have got two chairs
and a table and a cupboard and many
glasses and many cups and three
pictures.
— Fortführung bis S_{28} —

L Ann told us of the cupboard in the
kitchen.
And now think of our little rhyme:
The cat's in the cupboard ...
Oh, I've forgotten the text! Do you know
it?

S_1 Rhyme   A—B—C, tumble down dee,
— Fortführung bis S_9 und im Chor —   the cat's in the cupboard
L Now, that is one rhyme.   and can't see me.
Yesterday we learned a new rhyme.
One, two ... Oh, I've forgotten,
can you help me?   One, two, old is not new,
                                              new is not old,
                                              warm is not cold,
                                              cold is not warm,
                                              wind is no storm.

— Weiter mit S_1, L, Chor, S_2 bis S_6 —
L And now let's play another little game: 1 banana, 2 bananas, 3 bananas,
One banana, two bananas ...   four,
                                              5 bananas, 6 bananas,
L Jane, you are our Jumping Jack,   7 bananas, more!!
and Ann, you give the commands!   (Als Abzählreim)
S_1 (Ann) J. J. go to the door!
J. J. sit on the floor!
J. J. run to the chair!
J. J. touch your hair!
— dreimaliges Fortführen des Spieles —
L Now Martin is our Jumping Jack, and I'll
tell him what he has to do!
L J. J. touch your right ear!
J. J. show me your left arm!
J. J. show me your right shoe!
J. J. go to the chair!
L Who is our next J. J.?
Who gives the commands?
— Fortführung dreimal —

Stundenablauf	Did.-meth. Kommentar
L Let's sing our „What-are-we-doing-song" — We wash our hands — — Kitty, wash your face — — Mike, wash your hair — — Mary, wash your ears — — Ben, brush your shoes — — We sing a song — — Verabschiedung.	Text: What are we doing we're washing our hands ... we're washing our hands this morning. What is he (she) doing? etc.

Ausgangsangebot	Alternativen und Variationen
25. What we like What we don't like. I like milk and you? Billy likes blue pullovers. Betty	 What we like best: I like cocoa best. Billy likes „oldtimers" best. Betty ... What we like to do: I like to play football and you?
26. ‚in' — ‚on' — ‚under' Hide-and-seek-games	
27. *Let's have breakfast* Things on the table: food ... Let's lay the table ... What we say at the table ... What we like (prefer) and what we don't like ...	 flannel-board-actions
28. *What we do in the morning* sleep — get up — have a wash — dress — have breakfast. Let's learn a new song: „Are you sleeping ..."	What we wash (Song: What are we washing ...). What we put on ... What we eat and drink (prefer and don't like).
29. *Vehicles* car, bus, bike, taxi, ship, boat, van, train, plane, helicopter, jeep etc.	I want *to go to* ... I *go by* ...

Kommentar

Zu 26. Die Präpositionen sind den Kindern schon vom Beginn des Unterrichts an ver-
traut. Sie werden jetzt noch einmal zur Wiederholung und Sicherung aufge-

griffen. Bei dem Umgang mit Präpositionen gilt die Forderung nach Eindeutigkeit, Anschaulichkeit und Darstellbarkeit. Die gebräuchlichsten Präpositionen
sind in ihrer Bedeutung ohnehin klar und eindeutig und könnten veranschau-
licht und in konkreten Beispielen dargestellt werden. Es bleibt der Phantasie
und dem Geschick des Lehrers überlassen, diese Veranschaulichung und Darstellung mit einem möglichst geringen organisatorischen Aufwand zu betrei-
ben. Dabei ist der Weg der stufenweisen Abstraktion zu beschreiten: vom
Gegenstand zum Bild, vom Bild zur Skizze und Zeichnung, dann weiter zum
Symbol und vom Symbol zum Wort. ‚In‘ und ‚on‘ können auch schon als
Schriftbild angeboten werden. Gerade bei der Arbeit mit Präpositionen spielen
‚guessing-games‘ eine wichtige Rolle. Wir haben auf diese ‚guessing-games‘
im weiteren noch näher einzugehen.

Zu 27.–29. Am Ende des ersten Halbjahres können solche und ähnliche Themen als
Stofferweiterungen und größere Kontexteinheiten aufgegriffen werden.

3.2 Kommunikative Relevanz

In den bisher demonstrativ dargebotenen Unterrichtsbeispielen sind die drei Be-
reiche Lexis, Phonologie und Struktur stets *simultan* betrachtet und berücksichtigt
worden. Dabei wurden detailliertere Hinweise schon auf den Lexisbereich bezogen.
Dringend mitzubedenken sind von Anfang an auch die folgenden Kriterien für das
Einspuren von Äußerungsmustern. Bei der Bereitstellung von Sprachinventar, be-
sonders aber bei der Einspurung und Festigung desselben, kommt es stets zu
Äußerungen, die keine *Kommunikation* tragen können und die man deshalb auch im
Normal- und Gebrauchsfall der Sprache selten findet; trotzdem sind sie in den
Klassenzimmern und in den Lehrbüchern gang und gäbe.

Das findet sich zunächst in dem riesigen Komplex von pseudokonstatorischen und
-definitorischen, sowie deskriptiven Äußerungen, wie wir hier einige sammeln:

This is a house.
That is a box.
Here is a banana.
There is a ball.
Betty is a girl.
My pullover is blue.
Billy's pencil is short.
Ann has long hair.
What's this?
What colour is . . .?
etc.

Dieser kurze Katalog von täglich in den Englischstunden zu hörenden ‚*utterances*‘
mag stellvertretend für viele andere und ähnliche stehen. Betrachtet man sie
genauer, so erweisen sie sich vom Aspekt der Kommunikation her gesehen als nicht

notwendig oder zumindest als Äußerungen mit einem *geringen Gebrauchs- und Frequenzwert.*

„This (That) is a book" kommt im Normalfall der Sprache kaum vor. Keiner der Kommunikationspartner sieht die Notwendigkeit, „This is a book" zu sagen oder zu hören, wenn der Gegenstand ,Buch' sichtbar ist. Wir schränken allerdings ein, daß natürlich jeder solcher Äußerung eine ganz besondere Aussage verliehen werden kann. (That is a book, that is! — Das ist vielleicht ein Buch!)

Wir benutzen diese ,nonsense-utterance' gewohnterweise als Vehikel zur Einführung der Struktur: „This is a ..." Kommunikativ relevanter wären Äußerungen wie: Look at this book! Can you see this book? Please, give me the book! Let me have that book, please! Bring me that book, please! Show me that book, please! Let me see your book, please! etc. Äußerungen dieser Art sind lebendiger, kommunikativer und damit sprachnatürlicher. Die neue Vokabel ,book' fügt sich wie von selbst in die Äußerung und in den Lernprozeß ein. Sie ist nicht isoliert, sondern integriert. Zudem: Das Vorzeigen des Buches führt zu einer Vokabelgleichung in einem von uns nicht gewünschten Sinne. Das Kind sieht zuerst das Buch und hört dann ,book', und so schaltet es: Aha! Buch = ,book'! Wir brauchen die umgekehrte Schaltung von der Zielsprache her. Das Kind hört zunächst (und gehäuft) ,book' und bekommt erst danach den Gegenstand ,Buch' zu sehen, so daß es nun zuordnen, assoziieren und schalten kann: Aha! ,book' = Buch. Ohne Zweifel ist dieses der günstigere methodische Ansatz zur Bereitstellung neuen Sprachinventars, weil es interferenzvermeidend angelegt ist.

Es ist nicht schwer, bei allen weiteren o. g. Beispielen gleiche ,nonsense'-Aspekte nachzuweisen. Auf Betty deuten und ,Betty is a girl' sagen ist absolut unsinnig, solange Betty durch Kleidung, Frisur, Gesichtszüge etc. eindeutig als Mädchen erkennbar ist. Die Unsinnigkeit ist nicht aus der Welt geschafft, wenn wir behaupten, wir müssen ja schließlich die Vokabel ,girl' einführen. Oder: Auf den eigenen Pullover zu zeigen und zu sprechen: ,my pullover is blue', gibt kommunikativ weniger her als etwa die einfache Frage: ,How do you like my blue pullover?' Dabei mag ,pullover' oder ,blue' oder auch ,blue pullover' neu einzuführendes Redemittel sein. Dieses Beispiel ließe sich weiter ausführen in der Weise, als nun eine kommunikativ relevante Erörterung stattfinden kann, gesteuert von den Fragen oder Stimuli: What we like / ... don't like — What girls like — What boys like — What teachers like — What mothers like etc. Innerhalb dieses sich dabei entwickelnden Wechselgesprächs können ohne Umstände viele Farben und Kleidungsstücke eingeführt werden, und jede unterrichtliche Äußerung bleibt sinnvoll.

Wir finden solche Äußerungen stets auch in dem großen Komplex des ,Present Continuous'. Diesem ,Present Continuous' wird gerade im Anfangsunterricht großes Gewicht gegeben, da man hier besonders um die Verknüpfung von Handeln und Sprechen bemüht ist. Das führt jedoch wiederum zu nonsense-Äußerungen von der Art, wie wir hier einige sammeln:

44

I'm standing up.
I'm putting my book on my desk.
I'm hiding the key behind the door.
I'm shutting the door.
We are combing our hair.
We are brushing our teeth.
We are eating apples.
etc.

Dieses sind wiederum repräsentative Beispiele. Es ist wohl von keinem Individuum zu erwarten, daß es im Normalfall jede seiner Handlungen kommentiert, ohne dazu einen zwingenden Anlaß zu haben. So muß dem Beispiel „Stand up" — „We are standing up" jeder natürliche Sprechanlaß abgesprochen werden. Die Schüler sagen „We are standing up", weil es der Lehrer gern will oder gar permanent erzwingt. Es gibt nun aber eine Reihe von Stimuli, die die o. g. Äußerungen als natürlichen Response in der gewünschten ‚Cont. Form' herbeiführen. Sie liegen wieder auf dem Felde der echten oder (in Übereinkunft mit den Schülern) gespielten Kommunikation. Dazu ist es notwendig, diese o. g. Äußerungen noch einmal näher zu betrachten. Sie sind im Regelfall Antwort auf eine Frage, also kommunikativ-informativ. Sie garantieren ein Funktionieren der Kommunikation zwischen zwei Partnern, wenn diese sich nicht sehen können.

Beispiele:
Hey, Billy, what are you doing there under the desk?
    I'm looking for my pencil, Sir!
Hey, Billy, what are you doing in the kitchen?
    I won't tell you! Guess!
Well, are you washing the dishes?
    No, I'm not.
Are you . . .

Diese Äußerungen werden auch dann sehr häufig gebraucht, wenn A von B wissen möchte, was C gerade tut.

Beispiel:
Good morning, Betty, I've come to see Peter!
    Oh, he is in his room!
What is he doing there?
    He is drawing!
What is he drawing? (writing, reading, playing . . .)
    Guess!
Is he drawing a . . .?
etc.

Es muß also immer unser Anliegen sein, auf die *kommunikative Funktion der Sprache* selbst sehr aufmerksam zu achten, damit sie in diesem Sinne unterrichtlich genutzt werden kann. Ist eine Äußerung primär kommunikativ, so ist sie damit zwangsläufig auch *situativ.* Die Frage des kommunikativen Unterrichts zieht sogleich die des situativen Unterrichts mit ans Licht. Kommunikativer Unterricht und situativer Unterricht stehen in einem Wechsel- und Spannungsverhältnis. Der eine ist ohne den anderen nicht denkbar. Es kann in der Fremdsprachenvermittlung nicht darum gehen, Kommunikationsmittel erst lehrend und belehrend zu geben und hernach zu aktivieren. *Von der ersten Englischstunde an muß Kommunikation selbst stattfinden. Möglichst viele im Englischunterricht getane und geübte Äußerungen sollten kommunikativ relevante Äußerungen sein.* Nur so kommen Echtheit, Funktionalität, Natürlichkeit und Spontaneität zu ihrem Recht.

3.3 Vorschläge für das zweite Halbjahr

Wir haben ein halbes Jahr lang fast ausschließlich über die ‚aural/oral skills' unterrichtet und müssen uns nun der Tatsache und Einsicht stellen, daß es schließlich einer *graphischen Fixierung* des bisher angelegten Sprachrepertoires bedarf.

Die Kinder brauchen Gedächtnishilfen. Bei zunehmendem Sprachinventar reicht das akustische Gedächtnis nicht mehr aus. Sie haben längst begonnen, auf die Schrift und das Lesen (und gar Aufschreiben) zu drängen. Sie stellen sich vor, wie das eine oder andere ihnen geläufige Wort wohl „geschrieben" aussehen mag. Sie wollen festhalten, was sie gelernt haben. Sehr behutsam kann diesem Streben schon zeitig nachgegeben werden. Dabei ist von der Maßgabe auszugehen, daß nichts im Schriftbild präsentiert werden soll, was im lautlichen Bereich (d. h. im Sprechen) nicht absolut gesichert ist.

Die Kinder ‚lesen' bereits TAXI als [tæksi] und ganz sicher auch ihre englischen Namen. Wir greifen das auf und beginnen mit den einsilbigen Namen, bei denen Schriftbild und Lautbild wenig voneinander abweichen: Ben, Dick, Tom, Tim, Bob, Jim. Zweisilbige Namen werden angeschlossen: Jenny, Billy, Molly, Polly, Dolly, Peggy. Danach kommen schwierigere, d. h. solche, bei denen Laut- und Schriftbild weiter voneinander abweichen: Ann, Kate, Jane, Mac, Sam, Dorothy etc.

Im weiteren ist uns nun zunächst jedes Wort willkommen, das in seiner Lautierung mit der Schreibung *annähernd kongruent* ist: is, in, on, will, arm, stop, hot, pot, not, got, pen, pencil etc. Wiederum sehr behutsam und geduldig werden dann weitere schwierigere Wörter mit aufgenommen: can, old, nose, book, school, bus . . .

Bedenkt man, daß die Zahlen ja ohnehin zunächst in Ziffern geschrieben (und gelesen) werden, so bietet sich sehr schnell ein wachsendes Repertoire von lesbaren Wörtern und Einheiten, und man kann an die ersten schriftgestützten Verfahren gehen und von nun an selbst hergestellte worksheets mehr und mehr in den Verkehr bringen; von nun an kann man aber auch alle im mündlichen Unterricht bisher gespielten Lernspiele wieder aufgreifen und nunmehr in Verbindung mit der Schrift und dem Lesen erneut nutzen.

Stoffangebot für das zweite Halbjahr

Stoff	Kommentar
1. Our family Our relatives	My father's (mother's, sister's, brother's ...) name (age ...) How many brothers and sisters (uncles, aunts, cousins ...) we have Where they live What they do (like, have got ...)

2. The snow
The snowman
On the ice
	Everything is white!
	The houses are white.
	   trees
	   ...
	The snow is falling on the houses.
	        trees
	        ...

Little stories: ‚The snowman and the hungry rabbit' ‚A snowman can speak English' ...	A snowman-family (draw or paint) Compare Father Snowman and Mother Snowman and Baby Snowman (big, small, fat, funny ...)! A snowball-fight
3. What people do What people have to do	What mother has to do every day What grandfather does What father does in the evening Our hobbies
4. What we like (to eat, drink, wear, see, have, do ...) What we don't like ... What we like best ...	

5. A first ‚grammar-drill'

Lehrer	Schüler
one lamp	many lamps
book	books
hand	hands
box	boxes
dress	dresses
bus	buses
car	cars
pen	pens
...	...

Wir versuchen mit dieser ersten kleinen Übung eine erste Abstrahierung und damit erste Bewußtmachung.

Diese Drillform kann auf weitere grammatische Phänomene ausgeweitet werden:

L	S
I drink	Billy drinks
I sleep	Billy sleeps
...	...

Stoff		Kommentar	
vice versa:		*vice versa:*	
books	book	L	S
...	...	Billy yawns	I yawn
		...	...

L. Grandfather likes to smoke a pipe.
S. Billy doesn't.
L. Grandfather has got a stick.
S. Billy hasn't.
L. Grandfather is old.
S. Billy isn't.

6. A new song:
There's a hole in my
bucket[1]

Dieses Lied bietet eine Reihe von unterrichtlichen Vorteilen:
1. Es ist wegen seiner Dialogform spielbar.
2. Es hat einen übersichtlichen und leicht dar-
stellbaren Handlungsablauf.
3. Es folgt einem Reihungs- und Wiederho-
lungsprinzip.
4. Mit diesem Lied lassen sich einige ge-
bräuchliche Redeteile schnell und sicher
einspuren:
with what — there's a — too — dear
5. Das Lied enthält eine Reihe von Begriffen
für Gegenstände und Tätigkeiten des täg-
lichen Lebens und Gebrauchs:
bucket, hole, water, straw, stone, mend, wet,
get, cut, knife, sharpen, blunt, dry.

7. Tell me what you did
yesterday!

Erster gesteuerter Gebrauch des ‚simple past'.
Diese Zeit ist schon vorher in einigen Liedern
vorgekommen (z. B. „I saw a little bird").
Der Lehrer hat diese Zeit vorher schon häufiger
in seinen Sprachüberhang genommen.

8. We learn to tell the time.
What's the time?
It's 9 (6, 5 . . .) o'clock.

Übungsformen:
a) Üben an der Modelluhr mit beweglichen
Zeigern
b) Üben nach dem Hören
A guessing-game: Let's play ‚Big Ben'!
Mit einem Schlaginstrument (Gong, Becken,
Triangel . . .) werden hinter der Tafel Zeiten
angeschlagen. Es ist danach zu sagen, wie
spät es ist.

---

[1] Sing Every Day, a. a. O., S. 32.

9. Some riddles:
    I have got four legs but no
    eyes. You can sit in (on) me.   arm-chair (chair)
    I am white and cold, and I
    have got a carrot-nose.   snowman
    I have got two eyes and six
    legs. I can sit on your nose.   fly
                                      Do y o u know more riddles?

10. I am your word-book.

Mit dieser fest formulierten Verabredung läßt sich eine Erweiterung des Unterrichts schaffen. Die Kinder sollen von nun an am Ende jeder Stunde einige Minuten lang Gelegenheit haben, den Lehrer nach neuen Wörtern zu fragen. Der Lehrer benutzt dabei ganz selbstverständlich auch sein eigenes Wörterbuch.

11. Themen zum freien
    Erzählen:
    In the circus
    An accident
    Tom has got a little sister
    . . .

Es sollte nicht versäumt werden, aktuelle Begebenheiten, die gerade die Aufmerksamkeit einzelner oder gar aller Kinder auf sich ziehen, zu Themen für ein freies Erzählen zu machen. Der Lehrer wird sich als Helfer (Interviewer, Partner...) zunächst noch stark einschalten müssen.

12. A new rhyme:
    „Lazy Daisy"[1]
    Sleeps on Monday,
    Wakes on Tuesday,
    Washes on Wednesday,
    Dresses on Thursday,
    Plays on Friday,
    Sings on Saturday,
    Dances on Sunday —
        This is what Daisy
        Does every week.

Mit diesem Reim lassen sich die Wochentage einführen. Wichtig ist, daß die Wochentage nicht abstrakt gelernt (aufgesagt) werden. Man geht deshalb günstiger von der Verbindung mit ‚on' und damit von sinnvollen Äußerungen aus.

What we wear (do) on
Monday, Tuesday etc.

Wiederholung der Kleidungsstücke in Verbindung mit den neu eingeführten Wochentagen. Bei dieser Gelegenheit läßt sich ‚wall-picture'-Material einsetzen.[2]

---

[1] Lechler/Day, Rhymes and Songs for Beginners, Ernst Klett Verlag Stuttgart, S. 39.
[2] Wall-pictures for guided speech and pattern drill, Stuttgart 1969, S. 31.

13. Phonetic drills:	
a) Let me hear words with	z. B. hot, pot, not, stop, coffee etc.
[ɔ]	Wie im grammatischen Bereich lassen sich auch im phonetischen Arbeiten schon sehr früh
[ɔ:]	gezielte Hör-, Unterscheidungs- und Isolier-
[əu]	Übungen durchführen.
[ei]	Diese Übungen vollziehen sich primär im Wett-
[au]	bewerb oder Wettspiel.
[i]	Es geht stets vom Leichten zum Schweren.
[i:]	Schwer sind z. B. im Anfang der Gegensatz von langen und kurzen Lauten

([ɔ]-[ɔ:] — [i]-[i:] etc.),
die Diphthonge ([ɔi]-[əu]-[ai]-[au])
und besonders auch die stimmhaften und
stimmlosen Laute ([s]-[z], [ð]-[ɵ] etc.)

b) Find the stranger:
pot — hot — not — *ball* —   or: Tim, Billy, Kitty, *Ben,* Jim . . .
stop — shop etc.   or: ball, wall, *fine,* tall, small . . .

c) Guessing-games
Is Peter standing behind   Mit Ratespielen, in denen es den Kindern allein
. . . Billy?   um das Spielen und Raten geht, kann gerade
. . . Bob?   hinsichtlich der Intonierung, des Sprechrhyth-
. . . Jane?   mus, der Betonung und Phrasierung viel er-
    reicht werden.

Is Billy standing behind   Wenn z. B. ein Schüler hinter der Tafel (oder
Bob   Peter?   mit verbundenen Augen) raten soll, ob Peter
Jane   hinter Billy, Bob oder Jane steht, so wird er
. . .   seine Fragen aus dem Spiel heraus echt und
    instinktiv richtig betonen und intonieren.
    Das trifft ebenso bei der Umkehrung des Rate-
    spiels zu, wenn er also raten soll, ob Billy, Bob
    oder Jane jeweils hinter Peter stehen.
    Wir kommen mit dieser Übung zu einer Sub-
    stitutionsform, die es gestattet, ‚standing' mit
    ‚sitting' und ‚behind' mit ‚in front of' oder ‚next
    to' auszutauschen.

14. Flannelboard-games
(guessing-games)

a) Is there a teapot on the   Speaking-games[1] und besonders guessing-
table?   games sind von den allerersten Lektionen an

---

[1] W. F. Mackey, Language Teaching Analysis, Longmans, 1969, S. 439.

... three cups on the table?
... the jam on the table?

eine unentbehrliche Arbeitsweise. Sie bekommen jetzt noch mehr Bedeutung, wenn es um die etwas mehr grammatisch und phonetisch ausgerichtete Detailarbeit und um partielle Bewußtmachung geht.

Wir nehmen die bisher schon bekannten und üblichen Haftelemente zu Hilfe.

Illustrationen:

Auf der Hafttafel ist ein Tisch angedeutet. Daneben werden einige Elemente gelegt: a teapot, a pot of jam, butter, bread, eggs etc.

Die Hafttafel wird umgedreht, und der Lehrer legt ein Symbol oder mehrere auf den ‚Tisch'. Die Kinder sollen raten und fragen. Wer es erfragt hat, darf als nächster etwas auf den ‚Tisch' legen.

Weitere Beispiele:

Things in the cupboard
                    wardrobe
                    school-bag
                    etc.

Mit guessing-games dieser Art lassen sich besonders auch die Zusammenhänge von ‚some' und ‚any' veranschaulichen und im Gebrauch einüben.

b)   car
          taxi
Billy   bus
          boat
          bike
          . . .

Does Billy go by car?
                bus?
                . . .

    Billy
    Peter   bus
    Jane
    Betty

Does Billy go by bus?
    Jane
    Peter
        . . .

15. Let's learn a new song: „This old man" ...	Kinder, die bereits ein Instrument (z. B. Blockflöte) beherrschen, sind gern bereit, beim Lernen des neuen Liedes durch instrumentale Begleitung zu helfen.
16. This and that These and those (als Wiederholung)	Auch zu Wiederholungsübungen dieser Art lassen sich Wall-Pictures als gut geeignete Hilfen einsetzen.[1]
17. What we have got on or what we wear (Wiederholung)	Arbeit mit Haftelementen wie Nr. 14
18. Countables and uncountables	ebenfalls Arbeit mit Haftelementen
19. What girls like and what boys like (. . . like best) (. . . don't like at all)	
20. Some more prepositions between — among into — out of up — down from — at near — next to . . .	Vor allem die räumlichen Präpositionen lassen sich leicht mit Hilfe der jeweils von den Kindern gerade bevorzugten Comics veranschaulichen, und zwar durch Ausschneiden und Einkleben (mit entsprechender Beschriftung).
21. We quarrel L. Billy, give me your book, please! B. No, I won't give you my book! L. Betty, let me see your pencil, please! B. No, I won't show you my pencil! L. Jane, I don't like your books! J. And I don't like your nose! . . .	Mit kleinen verabredeten Schein-Streitdialogen führen sich sehr leicht erste Spontan-Dialoge ein. Sie machen den Kindern außerdem besonderen Spaß, weil sie wissen, daß das ‚zum Spaß' gesprochen wird.

---

[1] Wall-pictures for guided speech and pattern drill, a. a. O.

Stoff	Kommentar

22. Cars
My father's car
the model
the colour
the speed
how many seats (. . . doors)
Let's draw or paint a car
and learn some parts of it.

Fast alle Eltern der Schüler haben heutzutage ein Auto. Es gehört mit zu den ersten Erlebnis-Umfeldern des Kindes, vergleichbar mit dem Zimmer einer Wohnung. Man kann behaupten, daß die Familien heute im Auto den intensivsten Kommunikationskontakt haben. Dem Auto ist aus diesem Grunde im Unterricht erhöhte Aufmerksamkeit zu schenken.

4. PROBLEMANALYSEN

Es darf nicht damit getan sein, lediglich Überlegungen zum Stoff, zur Stoffstruktur und zur unterrichtlichen „Zubereitung" des Stoffes anzustellen.

Unterricht ist mehr als der Transport didaktischer Ladung.

Er wird immer auch bestimmt und geprägt von der Tatsache des Zusammenseins vieler in einem Raum. Das Unvorhersehbare, die Tücken der Medien, der Wettlauf mit der Zeit und noch viele andere Imponderabilien sind jene Faktoren, die es z. B. dem Studenten bei ersten Unterrichtsversuchen, aber auch dem Junglehrer in der Anfangszeit so schwer machen. Der Stoff ist geplant und für den Unterricht ‚zubereitet', aber im Unterrichtsprozeß wirken die unvorhersehbaren Geschehnisse meist störend ein.

Dem ist allein mit Planung schwerlich zu begegnen. Dennoch lassen sich einige Einzel- oder Sonderprobleme im vorab genauer betrachten. Es sind solche, die sich im Anfangsunterricht einzustellen pflegen und auf die es schnell und gründlich zu reagieren gilt. Aus eigener Erfahrung und aus speziellen Untersuchungen in der Unterrichtspraxis schließend sollen hier einige Problemkomplexe analysiert und damit für die über die Sachplanung hinausgehende Unterrichtsplanung nutzbar gemacht werden. Das kann freilich nicht erschöpfend geschehen, denn hier ist Beschränkung auf die hauptsächlichen Problemfelder geboten. Mit Sicherheit ist damit keineswegs ein Unterrichtskönnen garantiert. Es muß zunächst um das Wissen um Probleme und Problemquellen gehen, denn erst daraus kann Unterrichtskönnen erwachsen.

4.1 Unterrichtsorganisation

Für den EU als Anfangsunterricht sind zunächst einige organisatorische Maßnahmen notwendig, die sich auf die Sitzordnung im Klassenraum beziehen. In diesem Zusammenhang ist von einigen grundsätzlichen Erwägungen auszugehen:

a) Bei Kindern im Anfangsunterricht ist generell ein Bedürfnis nach Partnerschaft und Kommunikation festzustellen.

b) Die Kinder haben einen noch relativ natürlichen Imitationstrieb.

c) Sie haben einen Spieltrieb.

d) Sie lieben den Wettbewerb und den Vergleich mit Gleichaltrigen.

e) Sie wollen Abwechslung, da ihre Aufmerksamkeitshaltung noch nicht über längere Zeit hinweg stabil ist.

f) Jedes gesunde Kind hat ein starkes Bewegungsbedürfnis.

Der Katalog solcher Kriterien ließe sich um viele Punkte erweitern.[1] Gerade diese Kriterien sind es zumeist, die dem Lehrer Verdruß bereiten. Sie werden als Störfaktoren abqualifiziert. Man muß jedoch erkennen, daß sie uns den unschätzbaren Kredit für einen lebendigen und erfolgreichen Unterricht gewähren. Es kommt allein darauf an, daß der Unterricht schülerorientiert konzipiert wird und daß dabei auch die Erkenntnisse der Lernpsychologie konsequent in die Praxis umgesetzt werden. Aus dem obigen Kriterienkatalog lassen sich nun eine Reihe von *Thesen* ableiten, die eine weitere unterrichtspraktische Vororientierung bieten:

a) Das Haupt-Vehikel zur Befriedigung der Bedürfnisse nach Partnerschaft und Kommunikation ist die Sprache, denn Sprache ist primär kommunikativ.

b) Dem imitativen Lernen kommt eine besondere Bedeutung zu, wenn man W. F. Mackey[2] folgend feststellt, daß die Intelligenz beim imitativen Lernen nicht die entscheidende Rolle spielt. Und die Aneignung einer Fremdsprache geschieht im Anfang primär imitativ.

c) Dem Lernen im Spiel ist eine erhöhte Aufmerksamkeit zu widmen.

d) Wettbewerb und Vergleich drängen auf sprachliche Äußerungen, und um diese geht es.

e) Das Abwechslungsbedürfnis ist um so größer, je jünger die Kinder sind. Ihm ist im Unterricht ebenfalls große Aufmerksamkeit zu schenken.

f) Es ist eine harte Anforderung an das Kind, 45 Minuten lang still auf seinem Stuhl sitzen zu müssen, auch wenn sich die Schulmöbelindustrie noch so viel Mühe gibt. Motorische Inaktivität lähmt das Sprechen und die Sprechbereitschaft. Nicht von ungefähr sind Rednerpulte zum Stehen eingerichtet. Zudem bietet die Bewegung uns die Möglichkeit zum gestischen und mimischen Begleiten des Sprechens und auch zum rhythmischen Sprechen. Die motorische Aktivität ist eine Grundvoraussetzung für den EU mit jüngeren Kindern und für jeden Sprachunterricht schlechthin.

Projiziert man diese Grundeinsichten nun auf die übliche frontale Sitzordnung im Klassenraum (sie ist trotz des beweglichen Gestühls auch im mündlichen Unterricht — zumeist wegen der Raumenge — noch weithin die Regel), so wird deutlich, daß unsere obigen Einsichten so kaum nutzbringend in die Praxis umgesetzt werden können. Wir haben uns zu einer anderen Sitzordnung zu entscheiden. Die dem EU adäquate Sitzordnung ist, solange auf das Lesen und Schreiben verzichtet wird, *der Kreis.*

---

[1] H. Reisener, Zum Problem der Sprechsituation im Englischunterricht, in: ENGLISCH 4/69.
[2] W. F. Mackey, a. a. O., S. 123.

Im Kreis versammeln wir uns, was auch als das symbolische Sich-Versammeln um die Sache zu verstehen ist. In der Mitte des Kreises befindet sich — wiederum im übertragenen Sinne — die Mitte des Unterrichts. Im Kreis sehen wir uns, wir schauen uns an und können uns bei Lautbildungsübungen gegenseitig auf den Mund sehen. Wir hören uns besser und halten besseren Sprechkontakt. Man kann leichter etwas weiterreichen, es lassen sich Sprechketten spielen. In der Kreismitte befindet sich der Gegenstand, den alle im gleichen Abstand gut sehen oder erreichen können. Die Kreismitte ist auch ein Spielplatz. Im Kreis sitzt auch der Lehrer, er ist *einer* im Kreis, *einer* in der Kommunikationsgemeinschaft. Im Kreis lernt man sich schneller kennen. Man hat jeden Tag andere Nachbarn. Damit wird das inter-personale Gefüge der Klasse schneller und besser durchstrukturiert, und wir kommen leichter zu einer kommunikativen Aktivität.

Es ist ebenfalls als eine unterrichtsorganisatorische Maßnahme zu verstehen, daß die Kinder schon in den ersten Stunden englische Vornamen bekommen oder sich aussuchen können. Über den Nutzen dieser englischen Namen im EU ist von fast allen Fremdsprachendidaktikern ein übereinstimmend positives Votum abgegeben worden. Es ist auch eine Selbstverständlichkeit, daß viele englische Vornamen bereits zum F-Sprachschatz[1] der Kinder gehören, wenn sie in die Schule kommen. Dieses Vorwissen gilt es zu nutzen.[2]

In der Praxis hat es sich als günstig erwiesen,

a) Vornamen zu geben, die — wo es möglich ist — aus den deutschen Vornamen der Kinder lautlich abgeleitet werden können oder ihnen ähnlich oder gar gleich sind (Martin—Martin, Bettina—Betty, Kathrin—Cathrin, Thomas—Tom, Stefan—Steve, Andreas—Andy, Frank—Frank);

b) kurze — möglichst einsilbige — und leicht artikulierbare Namen zu wählen oder wählen zu lassen (Tim, Bob, Jeff, Ann etc.). Kurze Namen sind einprägsamer. Namen wie ‚Madge', ‚Hugh' oder ‚Crissi' klingen den Kindern zunächst sehr fremd und sind schwerer auszusprechen. Kinder mit solchen Namen kommen bei Spielen seltener „dran", da die Mitschüler sich scheuen und es vermeiden, diese Namen auszusprechen.

4.2 Aufmerksamkeit

Es ist für den EU mit jüngeren Kindern wichtig und unumgänglich, ganz speziell die Phänomene der *Konzentration* und der *Aufmerksamkeit* in den Blick zu nehmen. In der Theorie und Praxis des EU gibt es einen Mangel an begrifflich fixierten Unterschieden zwischen Konzentration und Aufmerksamkeit. Beide Phänomene sind nicht

---

[1] Sprache der Massen-Kommunikationsmedien wie Fernsehen und Funk wird in der Kommunikationslehre als ‚F-Sprache' bezeichnet.

[2] H. E. Piepho, Die ersten Wochen Englischunterricht, in der Reihe: Moderner Englischunterricht, Hannover, Dortmund, 1968, S. 39/40.

kongruent, und zwischen beiden gibt es ein breites Spektrum von Übergängen und Mischformen. Die Konzentration muß als eine Sonder- und Höchstform der Aufmerksamkeit angesehen werden. Beobachtungen und Erfahrungen zeigen, daß jüngere Kinder diese Höchstform nur in Annäherungswerten erreichen. Wohl aber ist diesen Kindern zu konzedieren, daß sie sehr aufmerksam sein können. Die Aufmerksamkeit ist jedoch im allgemeinen von episodischer Kürze und stets auch abhängig von den Reizen der Umgebung. Jeder Reiz kann Ursache für eine Aufmerksamkeitsablenkung werden. Eine leider recht beachtliche Reihe von *Störfaktoren* sind auf das Konto der Schule (d. h. immer auch Schulpolitik) zu buchen:

Überfüllte Klassen, überlastete Lehrer, Schichtunterricht, häufiger Wechsel der Lehrmethoden, übersteigerter Reformeifer, dekorative Betriebsamkeit, Lehrstoffhäufung, überhöhte Leistungsforderungen etc.

Eine detaillierte Auseinandersetzung mit diesen Störfaktoren ist hier nicht intendiert. Mit ihnen soll nur angedeutet werden, um was es geht. Von allen Kindern muß voll eingesehen werden, daß Hören und Verstehen beim Sprachunterricht wichtig sind und daß man dazu auch Ruhe benötigt. So muß es immer wieder darum gehen, sich mit den Schülern auf Verfahrensweisen zu einigen, die zu stärkerer Aufmerksamkeit führen. Aus eigener Erfahrung ist hier einzuflechten, daß das Wort ‚attention' — verabredet! — höchstens eine fünf Minuten lang anhaltende Phase aufmerksamen und angestrengten Arbeitens einleitet. Diese Form des episodisch kurzen angestrengten Arbeitens wechselt ständig mit den Phasen der Auflockerung und Entspannung ab. Anspannung und Lockerung sind notwendige Korrelate und bedingen einander. Wir brauchen in einem Unterricht, der sich fast ausschließlich im Bereich des Hörens, Verstehens und Sprechens bewegt, Phasen der Ruhe, des Aufeinander-Hörens und des Miteinander-Sprechens. Solche Phasen erzwingen zu wollen, bedeutet permanentes restriktives Eingreifen in den Unterricht und damit stets auch autoritäres Einwirken des Lehrers auf die Schüler. Sie aber mit den Kindern zu diskutieren, ihnen einsichtig zu machen und mit ihnen zu vereinbaren, heißt: die Kinder voll ernstzunehmen als potentiell Mündige, mit denen man Verabredungen und Verträge schließen kann, und das bedeutet einen weiteren Schritt zur Demokratisierung des Unterrichts.

Das Problem der Aufmerksamkeit ist aber damit noch nicht gelöst und birgt weiterhin eine Fülle von Fragen, deren Relevanz in der Wechselwirkung von Unterrichtsprozeß und Aufmerksamkeit zu suchen ist. Wie ist die Aufmerksamkeitshaltung der Schüler am Stundenbeginn, in der Mitte, am Ende? Wie ist sie vor und nach den Auflockerungsphasen, im Lernspiel, im Drill, bei der Arbeit an der Tafel, bei der Arbeit am Tisch? Sind auffällige Motorik und Gestik schlechthin ein Symptom für Unaufmerksamkeit? Spielt der EU im Hinblick auf die Aufmerksamkeit eine Sonderrolle?

Gezielte, langfristige Untersuchungen hinsichtlich dieser Fragenreihe wurden von uns in einem Schulversuch[1] durchgeführt und führten zu folgenden Ergebnissen, die hier nur kataloghaft dargelegt werden können. Trotz mangelnder empirischer Ab-

---

[1] Schulversuch mit EU im Eingangsbereich der Primarstufe in der Stadt Lüneburg.

sicherung in anderen Versuchsfeldern kann hier behauptet werden, daß die Ergebnisse in der Unterrichtspraxis bestätigt werden können.

Zur Motorik:

a) Motorische Aktivitäten der Kinder sind weitgehend vom Unterrichtsgeschehen abhängig.

b) Die motorische Aktivität der Kinder ist zwar störend (zumal der EU nach Ruhe für das Hören, Verstehen und Sprechen verlangt), jedoch ist sie nicht leichthin als ein Symptom für Unaufmerksamkeit zu werten. Es kann sogar behauptet werden, daß sie häufig ein Zeichen besonderer Aufmerksamkeit ist.

c) Auflockernde Phasen (mit Spiel, Lernspiel, Wettkampf etc.) führen die Kinder nachweislich zu einem ruhigeren Verhalten, das für den EU in besonderem Maße benötigt wird.

Diese Beobachtungen drängen auf das Auffinden und Erfinden von Darbietungs- und Übungsformen, die den Grundbedürfnissen der Kinder (hier dem starken Bedürfnis nach Bewegung) entgegenkommen.

Unterrichtsprozeß und Aufmerksamkeit:

a) Die Aufmerksamkeit der Kinder schwankt beträchtlich.

b) Die Schwankungen zeigen eine gewisse Regelmäßigkeit, die sichtbar zeitlichen Rhythmen unterliegt. Man erkennt in der Regel nach jeweils vier bis fünf Minuten je einen Höhepunkt und einen Tiefpunkt im Wechsel.

c) Hoch- und Tiefpunkte stimmen mit den einzelnen Unterrichtsschritten meist nicht überein, sofern diese Schritte die vier bis fünf Minuten über- oder unterschreiten.

d) Restriktive Eingriffe des Lehrers bringen zwar auffällige Zäsuren im Aufmerksamkeitsverhalten der Schüler, sind aber in ihrer Wirkung nur von kurzer Dauer.

Es muß hier noch betont werden, daß diese Ergebnisse sich allein auf EU beziehen. Zweifelsohne wären sie auf den Sachunterricht (dies als Beispiel) nicht übertragbar, da dort ein Gegenstand, eine Beobachtung oder ein Problem die Kinder in ein ganz anderes, nämlich stärker vom Unterrichtsgegenstand her bestimmtes Aufmerksamkeitsverhalten führt.

Die Beobachtungen zum Aufmerksamkeitsverhalten der Kinder im EU als Anfangsunterricht haben *Konsequenzen:*

1. Unterrichtsplanung und Unterrichtsprozeß müssen sich dem Aufmerksamkeitsrhythmus von vier bis fünf Minuten anpassen.

2. Stärker fordernde Darbietungs- und Übungsphasen müssen am Stundenbeginn liegen.

3. Dagegen gehören spielerische Anwendungsübungen mehr in die zweite Stundenhälfte. Sie können hier als Lernspiele, Sprechspiele etc. das Aufmerksamkeitsverhalten weit besser fördern als am Stundenanfang.

4. Der Wert des Singens zur „Auflockerung" wird leicht überschätzt. Beobachtungen zeigen, daß das Singen die Kinder *nicht* zu einer besseren Aufmerksamkeit führen kann.

5. Die Wirkung auch von „non-verbal"-Maßnahmen als gezielt eingesetzten Ordnungseingriffen (strafende Blicke, Bitten um Ruhe . . .) darf ebenfalls nicht überschätzt werden. Sie ist nur kurzzeitig und lediglich eine Hilfe im Moment mit fatalen Folgen auf lange Sicht, nämlich im Hinblick auf die „Produktion" eines Anpassungsverhaltens, das sich an Weisungen und Sanktionen orientiert und kritisches Reflektieren verkümmern läßt.

4.3 Kontrollen

Ein effektiver Unterricht mit ungenügenden Kontrollen ist besser als effektive Kontrollen nach ungenügendem Unterricht. Am besten ist natürlich ein effektiver Unterricht mit effektiver Kontrolle. Schließlich soll ja zum Wohle des weiteren Unterrichts kontrolliert werden. Indem wir die Schülerleistungen testen, bringen wir auch unseren eigenen Unterricht auf den Prüfstand. Was ist nun zu kontrollieren, und wie ist zu testen?

In der Sprachwissenschaft wird man sich vorerst weiterhin darum bemühen müssen, die gesprochene Sprache und die damit verbundene Kompetenz und Sprachleistung mit Hilfe technischer Medien kontrollierbar und meßbar zu machen. Zweifelsohne ist die Entwicklung entsprechender Meß- und Kontrollverfahren noch nicht zufriedenstellend abgeschlossen.

Die bisher diskutierten Erfahrungen bestätigen, daß gesprochene Sprache als komplexe Einheit und komplexes Geschehen sich einem kontrollierenden Zugriff weitgehend entzieht. Gesprochene Sprache existiert nur im Augenblick des Vollzugs und verhallt im Raum.[1] Meßobjekt kann daher nicht das Gesamt der Sprache oder der ersten Sprachverwendung im Sprachlernprozeß sein. Es muß darum gehen, die *Teilleistungen* des Verstehens und des Sprechens zu messen. Diese Teilleistungen sind zugleich die zu erbringenden Voraussetzungen für das Sprechen.

---

[1] „Speech Perception", Recent Work in English Phonetics, by J. D. O'Connor, in: Saporta, Psycholinguistics, New York 1961, S. 97;
J. B. Carroll, The Study of Language, HUP, Cambridge, 7th edition, 1968, Chapter 7, S. 196.

Zu kontrollieren sind also im rezeptiven Bereich:

a)	das Registrieren		Einzellauten
b)	das Diskriminieren	von	Rhythmen
c)	das Wiedererkennen		Tempi
			„pitch" (Mann, Frau, Kind)
			Reduktionen und Verbindungen
			semantischen und redundanten Elementen

Das ergibt bereits 21 grob skizzierte Testfelder, die wiederum auch für das Testen im *Anwendungsbereich*, d. h. bei der Imitation, Reproduktion und Produktion von Sprache relevant sind. *Es sind hier zu kontrollieren:*

a)	das Artikulieren	von	Einzellauten
			Reduktionen und Verbindungen
			semantischen und redundanten Elementen

b)	das Imitieren		Einzellauten
c)	das Reproduzieren	von	Rhythmen
d)	das Produzieren		Tempi
			Intonation
			„pitch"
			Reduktionen und Verbindungen
			semantischen und redundanten Elementen

Die Testverfahren im rezeptiven Bereich drängen auf Zuhilfenahme von Papier und Bleistift.

Beispiel für die Kontrolle des Lautunterscheidungsvermögens:

Es werden bunt gemischt in relativ schneller Folge Wörter mit den Gleitlauten [iə] und [ɛə] gesprochen: air, pair, here, fair, near, ear, there, fear, clear, bare, mere, dear, fare etc. Die Schüler sollen auf einem „hand-out" unter dem jeweiligen Lautschriftzeichen mit einem Strich markieren, welchen Laut sie gerade hören.

Danach wird ihnen eine kleine Geschichte erzählt, in der viele Wörter mit [iə] und [ɛə] vorkommen. Sie sollen wieder mit Strichen markieren.

Die Kontrollverfahren im Bereich der *Performanz* drängen auf Zuhilfenahme des Tonbandgeräts. Jede Sprechleistung muß festgehalten werden und kann nur von einem Testteam ausgewertet werden, da hier z. B. bei Imitationsleistungen der jeweilige Annäherungswert einer Schüleräußerung „diskutiert" werden muß.

Voll absichtlich wird hier auf den *Verstehensbereich* nicht eingegangen, obwohl das Verstehen der fremdsprachlichen Äußerung bekanntlich am häufigsten und eifrigsten getestet wird. Bemüht sich der EU von Beginn an um kommunikative Relevanz, so ist jede sprachliche Äußerung ein Testfall: für den Sprecher in dem Sinne, daß er verstanden wird, für den Hörer, daß er richtig reagiert. Es ist Verstehen da, wenn die Kommunikation funktioniert. Das Verstehen kann sich auch im Reagieren im richtigen Augenblick und im Lachen an der richtigen Stelle dokumentieren. *Die Kommunikation testet sich permanent selbst.*

4.4 Bildsteuerung

Es ist wiederum zu betonen, daß sich EU als Anfangsunterricht im aural-oralen Bereich vollziehen muß. Das bedeutet, daß es primär um das Hören, Verstehen und Sprechen gehen muß. Grafische Fertigkeiten sind aus dem Unterricht vorerst weitgehend herauszuhalten. Ein verfrühtes Hineinnehmen dieser Techniken in den EU hieße Verwirrung stiften und den Anfangsunterricht empfindlich stören. Dennoch ist keineswegs auf das Arbeiten am Schülerplatz mit Buch, Papier und Schreib- oder Malwerkzeug zu verzichten, denn der EU als Anfangsunterricht ist der geeignete Ort zum Arbeiten mit *Bildern und Bildhilfen.*

Die Kinder bekommen in unregelmäßigen Abständen je nach unterrichtlichem Bedarf Bilder und Bildskizzen. Der Einsatz dieser Materialien erfolgt unter der besonderen Berücksichtigung der folgenden Gesichtspunkte:

a) Das Kind kann nicht allein aus seiner akustischen Erinnerung heraus immer wieder Sprache reproduzieren und produzieren, wie es das beim Erwerb der L_1 zu leisten vermag. Im Erlernen der Fremdsprache ist es auf optische Erinnerungshilfen angewiesen. Eine solche erste Hilfe bietet das Bildmaterial.

b) Das Bildmaterial enthält stets nur das, was im bisherigen Unterricht hinreichend gesichert und verfügbar ist.

c) Das Bildmaterial soll die Eltern darüber informieren, was im Unterricht geschieht oder geleistet wird. Es ist damit auch eine Kommunikationshilfe zwischen Eltern, Schülern und Lehrern.

d) Das Bildmaterial ist — soweit das bildnerisch möglich sein kann — so konzipiert, daß es Sprechanlässe und Sprechreize bietet. Es muß der Sprechmotivation dienen.

e) Es ist so gestaltet, daß die Kinder damit weiterarbeiten können. Es ist kein einfaches „Konsum"-Material.

f) Die Elemente werden in einem Schnellhefter geordnet und gesammelt. Die Kinder erhalten oder erarbeiten damit ihr erstes „Englischbuch".

Die Bilder werden zunächst im freien Gespräch in der L_2 besprochen. Die Kinder gehen dann an ihren Arbeitsplatz, und die Bilder werden verteilt. Es erfolgen weitere Anregungen (z. B.: „You can colour this picture"). Auch während des Arbeitens erhalten die Kinder Anregungen oder werden ermuntert, selber weitere Arbeitsmöglichkeiten zu finden und zu nennen. Die Kinder sind zudem daran gewöhnt, ihr Arbeiten mit leisem Sprechen (in der L_2) zu begleiten. (Während sie etwa Luftballons farbig ausmalen, sprechen sie: „The balloon is blue" oder „a blue balloon" etc.) Der Lehrer geht während des Arbeitens zu den einzelnen Kindern und nimmt an ihrer individuellen Arbeit teil, indem er sie über das Bild befragt, Unklarheiten klärt, sich mit ihnen ganz frei über das Bild unterhält, ihnen Hilfen und weitere Anregungen gibt und sie berät. Dadurch besteht die Möglichkeit der Einzelgespräche und der Individualisierung des Unterrichts.

Neben dieser Arbeitsform ist das Arbeiten mit unterschiedlichen Wand-, Haft- und Magnettafelbildern zu empfehlen. Fast alle größeren Lehrbuchverlage bieten solche Materialien an. Auf genauere Hinweise zum Einsatz dieser Medien ist hier nicht einzugehen. Es muß in das Bemühen und Ermessen des Lehrers gestellt sein, das Medienangebot der Verlage und anderer Produzenten eingehend und kritisch zu prüfen, um eine Auswahl zu treffen.

Bildgesteuerte Aussagen lassen sich im Anfangsunterricht beliebig und leicht provozieren und erweisen sich als ertragreich, weil die Kinder anhand von Bildern nicht reproduktiv, sondern immer wieder auch produktiv mit der L_2 umgehen.

Das sei mit einem Unterrichtsbeispiel aus unserem eigenen EU in einem ersten Schuljahr belegt:

Eine Schülerin hatte von der Großmutter abends einen Reim gelernt, den sie in der Englischstunde nun gern vortragen wollte:

> „A-B-C, tumble down dee,
> The cat's in the cupboard
> And can't see me."

Dieser Reim wurde aufgegriffen und allen Kindern durch Bildskizzen und Erläuterungen verständlich gemacht. Die Kinder wurden dann gebeten, andere Verstecke für die Katze zu finden, und zwar möglichst lustige. Sie sollten dann den Reim entsprechend umtexten. (The cat's in the box, . . . bag . . ., water . . ., pot . . .) Am Ende der Stunde erhielten die Kinder eine Hausaufgabe: Sie sollten noch weitere „stories" ausdenken und dabei auch noch andere Tiere (dog, fish, bird . . .) hinzunehmen. Diese Geschichten sollten sie malen. Wer lustige Geschichten hatte, durfte sie am nächsten Tag vorlesen. Das Ergebnis waren „substitution-tables" mit Bildern oder — so könnte man sagen — „picture-switchboards", von denen hier *zwei Beispiele* gezeigt sind:

A, B, C, tumble down dee,	The cat is in the box
The cat's in the cupboard	dog bag
And can't see me	fish basket
	bird car

Die Kinder hatten damit ein erstes „substitution-table" selbst erarbeitet und seine Entstehung mitvollzogen. Anhand einiger selbstgemalter Bilder kamen sie dann zu einer Fülle von bildgesteuerten Äußerungen. Motiviert waren sie primär durch die sich dabei bietenden Möglichkeiten, lustige Geschichten selbst zu erfinden und zu produzieren.

Arbeit mit Bildern erweist sich in solcher und ähnlicher Form als sehr hilfreich und fördernd. Es ist schließlich noch hervorzuheben, daß das eigene bildnerische Tätigsein dabei eine wesentliche Rolle spielt.

4.5 Einige „essentials" zur Arbeit mit Tonträgern

Tonträger können schon sehr früh im Unterricht eingesetzt und genutzt werden. Es gelten für den Einsatz von Tonträgern folgende aus Erfahrungen resultierende Kriterien:

4.5.1 Die Kinder sind schon an das bisher häufig mitgebrachte Gerät gewöhnt. Es darf kein Störungsfaktor sein.

4.5.2 Für den ersten Einsatz und für erste Arbeitsweisen in der Anfangszeit empfehlen sich einfache Nachsprech- und Lückentexte.

4.5.3 Ein solches Lückenprogramm kann der Klasse ohne besondere Erläuterungen und Anweisungen vorgeführt werden. Die Kinder sprechen spontan im Chor nach. Es ist auffällig, wie stark das Imitationsbedürfnis und die Freude am Imitieren hier im Spiel sind. Diese Imitationsfähigkeit ist nur mit der nie wieder erreichten Imitationskraft beim Erwerb der Muttersprache vergleichbar.

4.5.4. Es ist weiterhin auffällig und wurde bisher weder erkannt noch näher untersucht, daß bei den jüngeren Kindern die Imitationsleistung beim Einsatz von Tonträgern sehr groß ist. Die Imitationen selbst erreichen einen erstaunlich hohen Annäherungswert. So gelingen die Imitation der Intonierung, der Phrasierung, des Rhythmus, der Sprechgeschwindigkeit, der Bindungen und der Betonungen nach einem Tonträgervorbild weit besser als nach dem Lehrervorbild. Eltern, die ihre zwei- bis dreijährigen Kinder Märchenplatten hören lassen, können diese Erfahrung bestätigen, wenn sie genau beobachten, wie die Kinder das Gehörte imitieren. Wir sehen die Erklärung für dieses Phänomen darin, daß die anonyme Sprecherstimme auf dem Tonträger für die Kinder mehr Distanz — und damit mehr Konzentration — für das reine Hören bietet. Der als Person optisch anwesende Sprechpartner lenkt durch Motorik, Gestik und Mimik ab und beeinträchtigt und stört das gezielte Hören des Kindes. Es ist in diesem Zusammenhang interessant, daß die Kinder beim Fernsehen sehr schlecht hinhören und die akustischen Begleiterscheinungen eines Fernsehfilms nur sehr flüchtig und oberflächlich imitieren. Lehrer von Schulanfängerklassen wissen, daß ihre Schüler sie in Bewegung, Gestik und Mimik unbewußt imitieren, und zwar meist besser als im Sprechen. Im Sprechvorgang zwischen zwei oder mehreren Sprechpartnern, die sich sehen können, ist die visuelle Kommunikationskomponente wichtig, was auch für das Fernsehen gilt. Wir wissen in der Erinnerung an unsere Sprechpartner zumeist mehr über ihr Aussehen, ihre sprechbegleitende Gestik und Mimik als über ihren Tonfall, ihre Intonation, ihr Sprechtempo etc. Werden also diese optischen Begleitphänomene durch den Einsatz eines Tonträgers vorübergehend ausgeschaltet, so daß ganz abstrakt nur die anonyme Stimme eines Sprechers bleibt, so richtet das Kind sich ganz auf das Hören und Zuhören ein. Das Imitieren gelingt dadurch leichter und sicherer. Machen wir uns diese Erkenntnis zunutze, so führt das zu einem wesentlichen weiteren Gesichtspunkt in der Arbeit mit Tonträgern:

4.5.5 Schwer zu imitierender Sprachschatz ist „unpersönlich", d. h. mit Hilfe von Tonträgern einzuspuren.

4.5.6 Der Einsatz von Tonträgern gewöhnt die Kinder schließlich auch daran, im Hören und Verstehen nicht nur auf den Lehrer fixiert zu sein. Sie werden durch die aufgezeichnete Sprache schon frühzeitig mit der Forderung konfrontiert, auch andere Stimmen und Stimmlagen hören und verstehen zu müssen (z. B. Männer-, Frauen- und Kinderstimmen). Die Unterschiede der Stimmlagen und Stimmhöhen („pitch") spielen beim Hören und Verstehen eine wesentliche Rolle.

Wir können aus dieser Erkenntnis und Erfahrung die folgende These ableiten:

Soll das Kind eine neue Sprache hören und verstehen lernen, so muß sie ihm in einer größeren *Vielfalt und Variabilität* geboten werden, als das durch nur einen Sprechpartner als *Sprachträger* und durch die im herkömmlichen Unterricht implizierte Fixierung auf den Lehrer geschieht.

5. ÜBUNGSMUSTER

5.1 Übungen zum Phonologiebereich

Die im folgenden angebotenen Übungsvorschläge sollen der *Hörschulung, Lautdifferenzierung, Lautunterscheidung, Lautkontrastierung und Lautzuordnung* dienen.

Sie sind erst dann als „worksheets" zu präsentieren, wenn die Lesefertigkeiten hinreichend entwickelt sind. Im rein mündlichen Üben können diese Vorschläge jedoch schon sehr früh genutzt werden. Dazu bedarf es lediglich der eigenen Erfindung von Variationen.

Selbstverständlich sind diese Übungsvorschläge nur in einer begrenzten Auswahl vorgestellt, die Anregungen vermitteln soll. Insofern ist die Reihenfolge unmaßgeblich.

Die Durchnumerierung der Übungsmuster soll der Arbeitserleichterung bei der späteren Anfertigung von „worksheets" (durch eigene Vervielfältigung) dienen, so daß diese schnell und leicht auch von Hilfspersonen (Schulassistenten) auf Matrize zu bringen sind.

Ü b u n g 1

Use your ears!

Find the stranger and make a ☐!

This way:
is it sister |doll| this pin Tim stick Dick Nick

1. pot stop **shop** **lamp** **hot** **not**
2. pen leg Ben go step hen bed
3. hand cat box bag hat fat cap
4. old cold arm open go show snow nose
5. ball wall door floor board warm cup small

Bei der mündlichen Durchführung dieser Übung könnte es heißen:

Find the stranger and raise your hands!

Übung 2

They do not know where to go!

Help them!

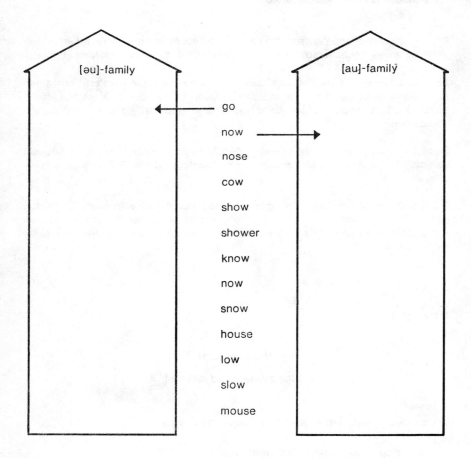

[əu]-family   [au]-family

go
now
nose
cow
show
shower
know
now
snow
house
low
slow
mouse

1. Es ist eine gute Übung, wenn die Schüler die Wörter im rechten oder linken „Haus" noch einmal einschreiben, also abschreiben.

2. Bei der mündlichen Durchführung dieser Übung können Spielformen erfunden werden. Beispiel: Die Mädchen gehören zur [əu]-family und die Jungen zur [au]-family. Es muß also jeweils ein Junge oder ein Mädchen nach vorn kommen (aufstehen) etc.

Look at these two families!

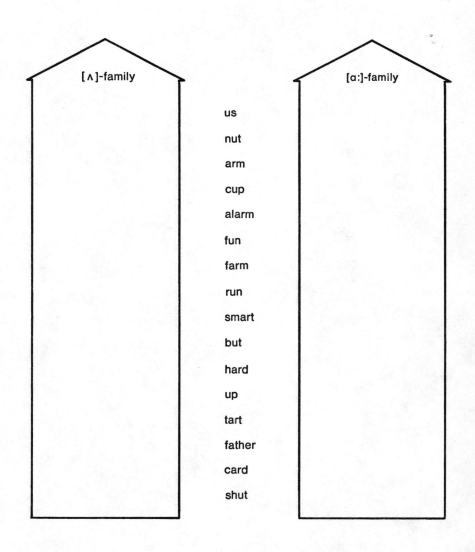

[ʌ]-family
[ɑː]-family

us

nut

arm

cup

alarm

fun

farm

run

smart

but

hard

up

tart

father

card

shut

Tell these [ɔ]- and [əu]-family-members where to go!

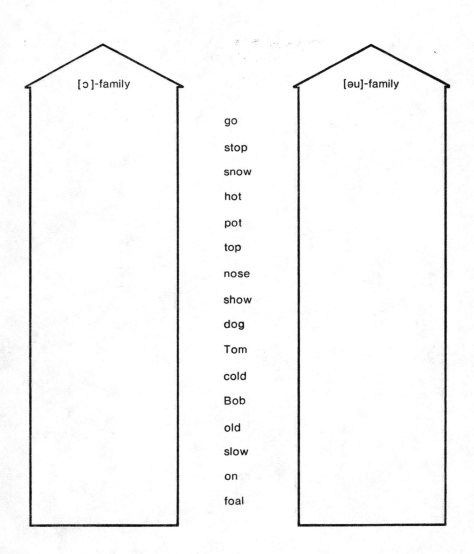

[ɔ]-family   [əu]-family

go
stop
snow
hot
pot
top
nose
show
dog
Tom
cold
Bob
old
slow
on
foal

Look at these two families!

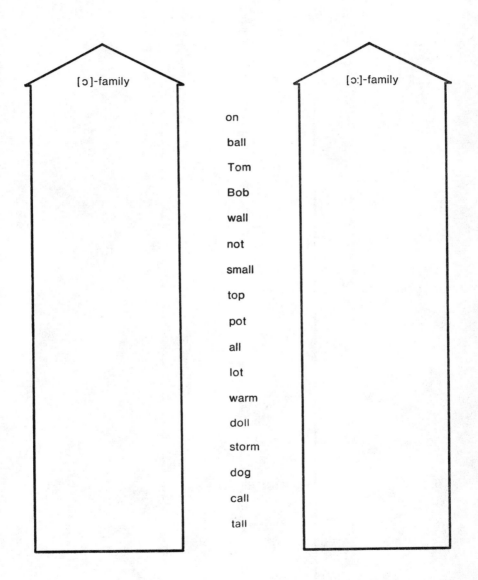

[ɔ]-family

[ɔ:]-family

on

ball

Tom

Bob

wall

not

small

top

pot

all

lot

warm

doll

storm

dog

call

tall

Übung 3

The [e]-family-members have come to see the [æ]-family.

Find them out and make a ☐!

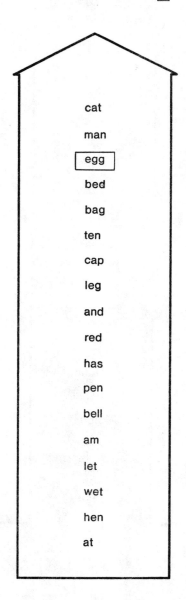

cat

man

| egg |

bed

bag

ten

cap

leg

and

red

has

pen

bell

am

let

wet

hen

at

Look at these two families!

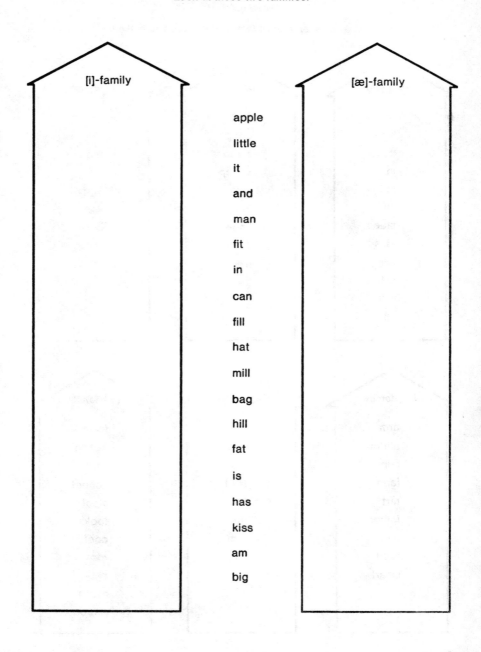

[i]-family   [æ]-family

apple

little

it

and

man

fit

in

can

fill

hat

mill

bag

hill

fat

is

has

kiss

am

big

Übung 4

Read quickly!

There is a stranger in each family! Find him and make a ☐!

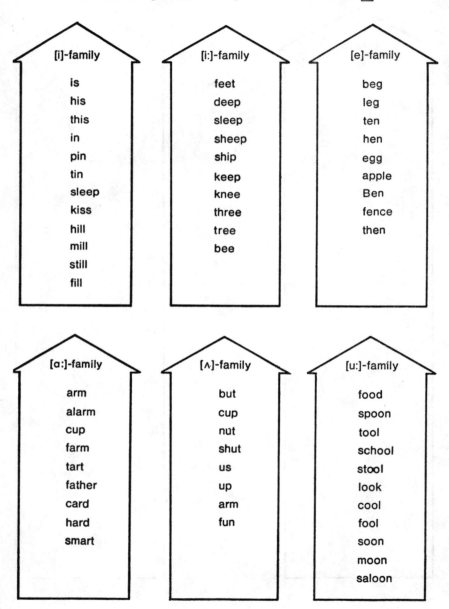

[i]-family	[i:]-family	[e]-family
is	feet	beg
his	deep	leg
this	sleep	ten
in	sheep	hen
pin	ship	egg
tin	keep	apple
sleep	knee	Ben
kiss	three	fence
hill	tree	then
mill	bee	
still		
fill		

[ɑ:]-family	[ʌ]-family	[u:]-family
arm	but	food
alarm	cup	spoon
cup	nut	tool
farm	shut	school
tart	us	stool
father	up	look
card	arm	cool
hard	fun	fool
smart		soon
		moon
		saloon

There is one guest in each family.

Make a □*!*

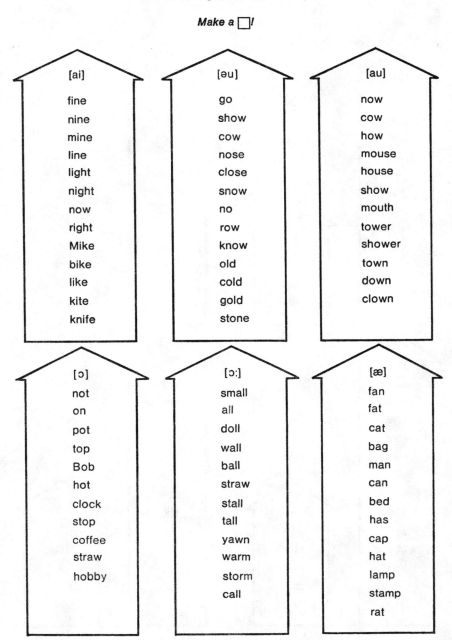

[ai]	[əu]	[au]
fine	go	now
nine	show	cow
mine	cow	how
line	nose	mouse
light	close	house
night	snow	show
now	no	mouth
right	row	tower
Mike	know	shower
bike	old	town
like	cold	down
kite	gold	clown
knife	stone	

[ɔ]	[ɔ:]	[æ]
not	small	fan
on	all	fat
pot	doll	cat
top	wall	bag
Bob	ball	man
hot	straw	can
clock	stall	bed
stop	tall	has
coffee	yawn	cap
straw	warm	hat
hobby	storm	lamp
	call	stamp
		rat

Find the member in the small house which belongs to the family in the big house!

Make a ☐!

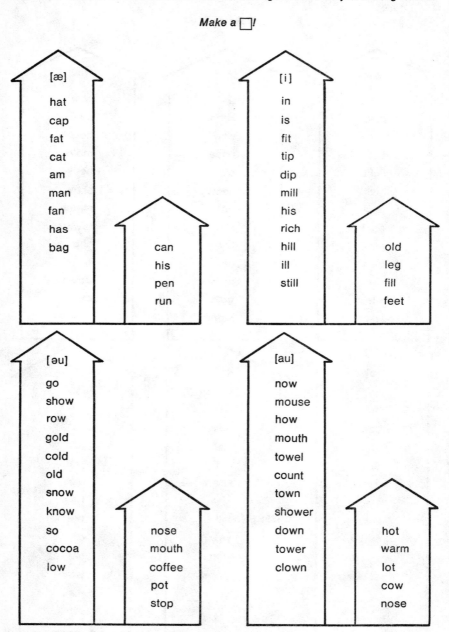

[æ]

hat
cap
fat
cat
am
man
fan
has
bag

can
his
pen
run

[i]

in
is
fit
tip
dip
mill
his
rich
hill
ill
still

old
leg
fill
feet

[əu]

go
show
row
gold
cold
old
snow
know
so
cocoa
low

nose
mouth
coffee
pot
stop

[au]

now
mouse
how
mouth
towel
count
town
shower
down
tower
clown

hot
warm
lot
cow
nose

Übung 5

The crazy 'ee'-family
Some stories are true and some are false!

The bee brings us sweets
Honey is sweet
Sheep have six feet
Bees sleep in trees
Seven days make one week
Baby feeds his mother
Still waters run deep
In Lilliput Gulliver sweeps his room with a tree
Teachers need a deep sleep at school

Übung 6

Zur Schulung der kontrastiven Lautunterscheidung lassen sich auch Übungen gestalten, die eine Möglichkeit der Kontrolle bieten:

Beispiel:
Die Schüler erhalten ein vorgefertigtes (vervielfältigtes) Blatt mit zwei Lautschriftsymbolen:

[ɔ]	[ɔː]
1.	
2.	
3.	

Sie sollen nun als Aufgabe 1 bei einer Reihe von Wörtern, die ihnen vorgesprochen werden, auf der richtigen Seite ein Zeichen (Kreuz, Strich oder Haken) machen. Der Lehrer gibt die Wörter mit kurzen Pausen an: ball — hot — pot — stall — not — wall — small — pop — stop — spot — sport — warm — storm etc.

Die Schüler sollen dann als Aufgabe 2 bei einer Reihe von Sätzen wiederum markieren: The ball is small — The water is hot — etc. Als Aufgabe 3 sind dann bei einem kleinen durch den Lehrer präsentierten Ganztext alle [ɔ]- und [ɔː]-Laute zu markieren.

In diesem Übungsmuster lassen sich alle Laute und Lautverbindungen in allen Kombinationen überprüfen, wie z. B. *long and short, voiced and voiceless, Einzellaut und Diphthonge, Gleitlaut und Einzellaut, Gleitlaut und Diphthonge* und alle weiteren möglichen Kombinationen.

Übung 7

Make words and write them down!

w
n   l
s — et
m
g   p
j

_____
_____
_____
_____
_____
_____
_____
_____
_____

g   d
h
ot
l
n   p

_____
_____
_____
_____
_____
_____

f   c
h
at
r
s   m

_____
_____
_____
_____
_____

g
m
ap
c
t

_____
_____
_____
_____

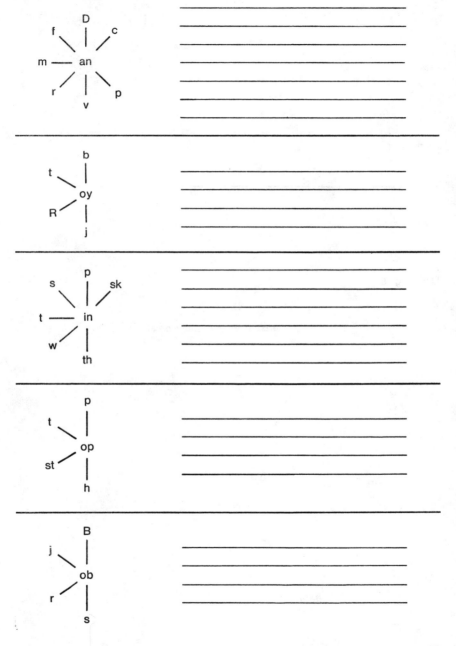

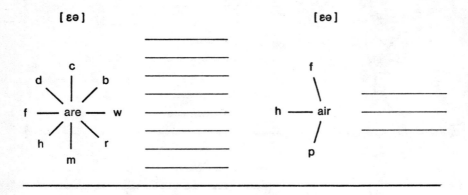

Übung 8

All the children run home now!

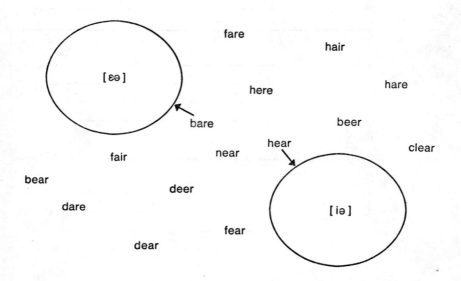

[ai]

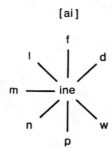

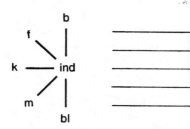

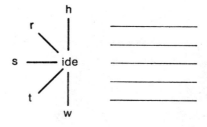

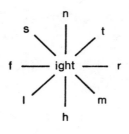

All the children go home now!

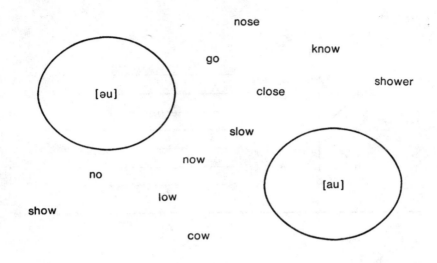

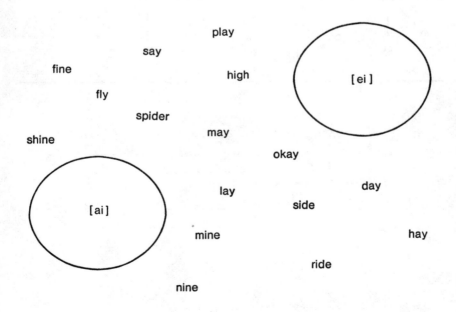

5.2 Weitere Übungen

Die im folgenden angebotenen Übungsbeispiele sollen zum einen *zu ersten Lese-leistungen hinführen,* zum andern *die ersten Leseleistungen sichern und mit behut-samer Intensität erweitern.* Viele Beispiele gehen darüber hinaus aber auch noch auf andere wichtige Trainingsbereiche ein. Auch die Muster für Lernerfolgskontrollen sind in diesem Zusammenhang zu beachten. Die Übungsmuster sind wieder so angelegt, daß sie vor allem weitere Anregungen geben können. Der einzelne Lehrer mag selbst entscheiden, in welcher Reihenfolge er die Beispiele aufnimmt und modi-fiziert. Insofern ist die Reihenfolge der Beispiele auch hier wieder irrelevant.

Auch bei diesen Mustern ist wieder zu betonen, daß sehr viele Beispiele auch für den mündlichen Unterricht (Tafelarbeit, Haftbilder, overhead-projector etc.) abwandelbar sind.

Übung 9

Billy's or Betty's?

Billy's   **Betty's**

Übung 10

Take a pencil and do it this way!

a pencil-case

a window

a pencil

a ball

a fish

a cup

a book

a table

a car

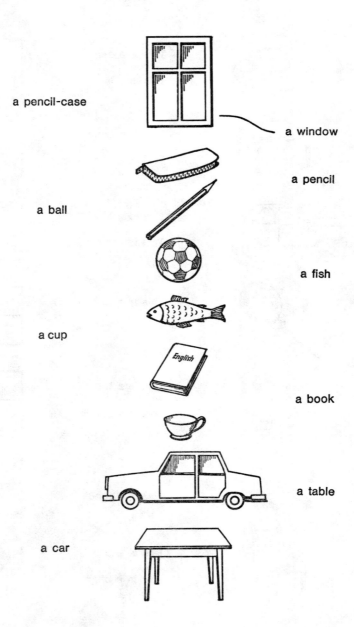

Read and make a ✕!

This is a cap

This is a hat

This is a table

This is a chair

This is a bus

This is a car

This is a ball

This is a balloon

This is a book

This is a pencil-case

This is a ruler

This is a pencil

This is a table

This is a chair

Übung 12

a big ball
Peggy has got a big ball.
Susan has got a big ball.
Molly has got a big ball.

a little ball
Kitty has got a little ball.
Betty has got a little ball.
Bess has got a little ball.

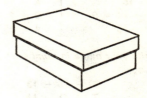

a little box
Tom has got a little box.
Bob has got a little box.
Billy has got a little box.

a big box
Tim has got a big box.
Jeff has got a big box.
Sam has got a big box.

Übung 13

How many letters?

3 letters	4 letters		3 letters	4 letters
← car			lamp	
taxi →			nose	
bus			eye	
ball			leg	
man			body	
cat			six	
cup			two	
door			one	
milk			four	
pot			day	
sofa			days	
bed			cars	

Übung 14

```
a  b  c  d  e  f  g
A  B  C  D  E  F  G    h  i  j  k  l  m  n
1  2  3  4  5  6  7    H  I  J  K  L  M  N    o  p  q  r  s  t  u
                       8  9  10 11 12 13 14   O  P  Q  R  S  T  U    v  w  x  y  z
                                              15 16 17 18 19 20 21   V  W  X  Y  Z
                                                                     22 23 24 25 26
```

T 15 m, B 15 b, B 5 n, B 5 tty, B 9 lly, K 9 tty, P 1 m, S 1 m, Er 9 c, T 5 d, J 1 ne,
J 5 ff, And 25, p 5 n, ru 12 5 r, p 5 14 cil, b 15 15 k, ba 12 12, bumbleb 5 5

Can you read these words?

3 — 1 — 18	4 — 15 — 12 — 12	3 — 1 — 20
20 — 1 — 24 — 9	2 — 1 — 12 — 12	8 — 5 — 14
2 — 21 — 19	4 — 15 — 7	3 — 15 — 23

Can you write your name in numbers?
Tom can! Look:

```
20 — 15 — 13
 T    O    M
```

Write these words in numbers:

boy ....   father ....

girl ....   mother ....

pot ....   banana ....

Übung 15

Where are all these things?
Take a pencil!

sitting-room   kitchen

                             the cups   →

                →   the telephone

                             the sofa

                             the spoons

                             the arm-chair

                             the coffee-pot

                             the milk-jug

                             the books

Read! The cups are in the kitchen.
The telephone is in the sitting-room.
The sofa is in the sitting-room.
The spoons are in the kitchen.
The arm-chair is in the sitting-room.
The coffee-pot is in the kitchen.
The milk-jug is in the kitchen.
The books are in the sitting-room.

Ü b u n g 16

A puzzle with syllables

pen — ler — cil — tab — le — ru — la — win — ca — dow — ger — co — ti —
co — ta — dio — ra — xi

Übung 17

Can you make correct words?
Take a pencil!

flower	bag	_____
coffee	board	_____
milk	milk	_____
motor	room	_____
window	pot	_____
ball	jug	_____
English	pot	_____
house	brush	_____
butter	car	_____
shoe	sill	_____
cup	book	_____
school	door	_____
class	pen	_____
	sill	_____

Übung 18

1	2	3	4	5	6	7	8	9	10	11	12
one	two	three	four	five	six	seven	eight	nine	ten	eleven	twelve

Number .... is a bird	The .... is number 1
Number .... is a ship	The .... is number 2
Number .... is a basket	The .... is number 3
Number .... is a fish	The .... is number 4
Number .... is a car	The .... is number 5
Number .... is a ball	The .... is number 6
Number .... is a pencil	The .... is number 7
Number .... is a balloon	The .... is number 8
Number .... is a book	The .... is number 9
Number .... is a table	The .... is number 10
Number .... is a ruler	The .... is number 11
Number .... is a chair	The .... is number 12

Übung 19

Read! Make a ✕!

The balloon is in the basket

The ball is in the basket ✕

The apple is in the basket

The car is in the box ✕

The bus is in the box

The jeep is in the box

The cap is in the box

The cowboy is in the box

The cowboyhat is in the box ✕

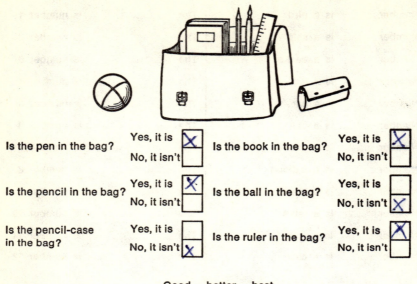

Is the pen in the bag?	Yes, it is	☒		Is the book in the bag?	Yes, it is	☒
	No, it isn't	☐			No, it isn't	☐
Is the pencil in the bag?	Yes, it is	☒		Is the ball in the bag?	Yes, it is	☐
	No, it isn't	☐			No, it isn't	☒
Is the pencil-case in the bag?	Yes, it is	☐		Is the ruler in the bag?	Yes, it is	☒
	No, it isn't	☒			No, it isn't	☐

Good — better — best
We had an English test
Some did badly
Some did worse
But mine was the best[1]

Übung 20

Make a ×!

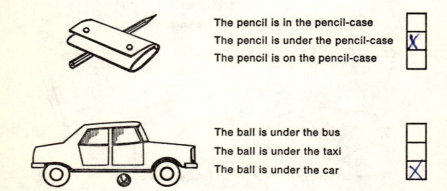

The pencil is in the pencil-case	☐
The pencil is under the pencil-case	☒
The pencil is on the pencil-case	☐

The ball is under the bus	☐
The ball is under the taxi	☐
The ball is under the car	☒

---

[1] Lechler/Day, Rhymes and Songs for Beginners, Ernst Klett Verlag, Stuttgart.

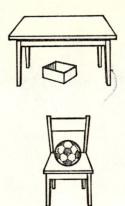

There is a box under the table ☒
There is a schoolbag under the table ☐
There is a basket under the table ☐

The ball is on the table ☐
The ball is on the chair ☒
The ball is on the box ☐

Übung 21

These words are easy to read:

cowboy	old	Tim	It	Hallo	taxi
sheriff	cold	Tom	is	Good morning	bus
gangster	gold	Ben	in	How are you?	ship
doctor		Betty	on		boat
baker		Billy			jeep
clown		Kitty			scooter
shop		Dolly			
car-**wash**		Polly			
hobby		Molly			

Can you read these little stories?

In cowboy-films we can see sheriffs and gangsters.
Cold is not warm and wind is no storm.
Ben is in a taxi and Tim is in a bus.
Good morning Kitty!
How are you, Tom?

Übung 22

Find the stranger and make a ☐

This way: five ten six |ball| nine twenty

1. table chair lamp sofa taxi
2. pot glass ship spoon cup
3. child Mother Father baby window sister brother
4. nose apple ear body mouth leg
5. banana cornflakes garden apple sugar butter
6. milk water bed coke tea coffee lemonade
7. pullover skirt car dress jacket coat
8. pen pencil teddy ruler book rubber
9. hen duck cat bird bus fish cow fly

Übung 23

Make Rhymes

What I like is a	....	room
What I wish is a	....	chair
What I see is a	....	hand
I can go into the	....	bike
There's a mouse in our	....	tree
There's a hair on the	....	fish
There's a broom in the	....	snow
I've got sand in my	....	house

Übung 24

Join the right words

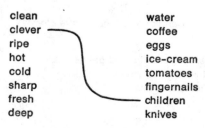

clean	water
clever	coffee
ripe	eggs
hot	ice-cream
cold	tomatoes
sharp	fingernails
fresh	children
deep	knives

Übung 25

Make new words with these letters:
c – b – l – p̸ – s – s – s – s – s – t

(p)ink	earn	team
old	tool	cream
pin	top	each
room		

Übung 26

Find the short words in these long words!
Make a ☐!

a̅n̅d	cup	broom	gold
pin	sit	this	thin
cold	has	cat	lamp
fat	stop	fit	sink

Übung 27

There is a stranger in each group.
Make a ☐!

bananas	potatoes	car	pen	spoon
apples	lettuce	tractor	pencil	plate
cherries	cabbage	bus	ruler	knife
potatoes	oranges	bicycle	rubber	school-bag
peaches	onions	lorry	spoon	cup
pears	carrots	van	workbook	teapot
oranges		jeep	songbook	milkjug
lemons		motor-bike	notebook	

Übung 28

One or two! Is this true?

We say 1 dog but 2 cats	....	We say 1 arm but 2 legs	....
We say 1 egg but 2 apples	....	We say 1 foot but 2 feet	....
We say 1 cat but 2 dogs	....	We say 1 ear but 2 eyes	....
We say 1 apple but 2 eggs	....	We say 1 pen but 2 pencils	....
We say 1 boy but 2 girls	....	We say 1 pencil but 2 pens	....
We say 1 leg but 2 arms	....	We say 1 eye but 2 ears	....
We say 1 girl but 2 boys	....		

Übung 29

More than one! Fill in!

1 dog	— 4	....	pens
1 arm	— 2	....	shoes
1 boy	— 3	....	books
1 apple	— 5	....	apples
1 book	— 6	....	cats
1 day	— 3	....	dogs
1 shoe	— 2	....	arms
1 pen	— 4	....	boys
1 cat	— 3	....	days
1 girl	— 7	....	girls

---

1 box	— 3	....	dishes
1 bush	— 7	....	bushes
1 brush	— 2	....	watches
1 match	—10	....	boxes
1 peach	— 5	....	brushes
1 dress	— 4	....	churches
1 glass	— 6	....	matches
1 church	— 2	....	glasses
1 dish	— 2	....	peaches
1 watch	— 2	....	dresses

---

1 baby	— 2	....	flies
1 pony	— 3	....	babies
1 daisy	— 9	....	pennies
1 story	— 4	....	berries
1 penny	— 6	....	ladies
1 lady	— 3	....	ponies
1 fly	— 5	....	daisies
1 berry	— 8	....	stories

Übung 30

Fill in!

For shopping we need a	....	feet
We eat a	....	football
We stand on our	....	chair
We sleep in a	....	shopping-basket
We sit on a	....	banana
Boys like to play	....	bed
We drink from a	....	book
We read a	....	pencil
We write with a	....	cup

Übung 31

Choose the right word!

We .... the glass with milk (fill, full)

The glass is .... of milk (full, fill)

We can .... a plane (look, see)

We .... at the board (see, look)

Übung 32

Join the words which belong together!

go	boxing		sleep	eating
sit	going		eat	sleeping
box	sitting		drink	drinking

	jump	standing		wash	cleaning
	swim	swimming		clean	washing
	stand	jumping		brush	brushing

Übung 33

Water can be .... (fold, cold, told)

Water can be .... (keep, feet, deep)

Water can be .... (top, not, hot)

Water can be .... (storm, warm, form)

Übung 34

1–2–3 – what can you see?
Read – count – fill in!

I can see	2	cars
I can see	3	boys
I can see	4	girls
I can see	5	birds
I can see	6	tables
I can see	7	lamps
I can see	8	balls
I can see	9	balloons

Übung 35

Days of the week

Sunday is the first day of the week.
Monday is the second day.
Tuesday is the third day.
Wednesday is the fourth day.
Thursday is the fifth day.
Friday is the sixth day.
Saturday is the seventh day.

_____

1. Sunday is the .... day.
2. Monday is the .... day.
3. Tuesday is the .... day.
4. Wednesday is the .... day.
5. Thursday is the .... day.
6. Friday is the .... day.
7. Saturday is the .... day.

_____

1. The first day is ....
2. The second day is ....
3. The third day is ....
4. The fourth day is ....
5. The fifth day is ....
6. The sixth day is ....
7. The seventh day is ....

On .... we do not go to school.

Übung 36

Choose the right word!

The .... (bottle, table, book) has four legs.

The .... (bike, bird, table) can fly.

.... (Coke, Coffee, Milk) is white.

The milkman brings us .... (coffee, butter, apples)

.... (Cats, Cows, Horses) like fish.

The .... (teacher, policeman, postman) delivers letters.

Übung 37

This is all mixed up!

dog I have got a ....

two I feet have ....

taxi by go I ....

football to play like Boys ....

cats Dogs don't like ....

window the I open ....

Übung 38

Baby Animals

Young sheep are called lambs.
Young dogs are called puppies.
Young cats are called kittens.
Young ducks are called ducklings.
Young cows are called calves.
Young horses are called foals.

Foals are young ....

Calves are young ....

Ducklings are young ....

Kittens are young ....

Puppies are young ....

Lambs are young ....

Übung 39

Another Test — Make a ✕!

Father has got	a cup of some a	☐ ☐ ☐	jam
Betty likes	a a glass of some	☐ ☐ ☐	cheese in the morning
Bob wants	a cup of a slice of	☐ ☐	toast for breakfast
Mother likes	some a	☐ ☐	honey on her toast
Peter has	a slice of a glass of	☐ ☐	juice every morning

Übung 40

1. I sleep in my .... bathroom
2. I brush my teeth in the .... bedroom
3. Mother cooks in the .... living-room
4. We hang our coats up in the .... kitchen
5. We have tea in the .... hall
6. There are armchairs in the .... dining-room

Übung 41

Make two lists!

bedroom	kitchen

a comb — a cupboard — plates — cups — a bed — knives

Übung 42

Find the rhyme!

Take a pencil and do it this way:

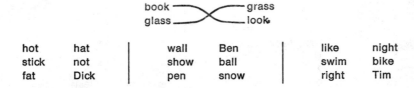

hot	hat		wall	Ben		like	night
stick	not		show	ball		swim	bike
fat	Dick		pen	snow		right	Tim

Übung 43

Find the words beginning with the same letter!

pot	table		box	garden		hand	sister
banana	pullover		milk	bag		sofa	lamp
telephone	butter		glass	man		leg	hat

Übung 44

Find the opposites!

| open | cold | | short | wrong | | bad | thin |
| warm | shut | | right | long | | fat | good |

Übung 45

Find the words which belong together!

pen	sister		sofa	shoes		red	sit
brother	pencil		boots	Father		Monday	green
			Mother	chair		stand	Sunday

evening	pullover
milk	glass
jacket	morning

doll	tea		apple	hand		ear	fork
car	taxi		baby	banana		spoon	eat
coffee	teddy		finger	child		drink	eye

Übung 46

Here are some split sentences! Join the right parts!
Take a pencil!

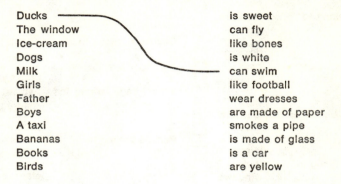

Ducks	is sweet
The window	can fly
Ice-cream	like bones
Dogs	is white
Milk	can swim
Girls	like football
Father	wear dresses
Boys	are made of paper
A taxi	smokes a pipe
Bananas	is made of glass
Books	is a car
Birds	are yellow

Übung 47

Made of

Pullovers are made of	glass	☐
	wool	☐
	stone	☐
Chairs are made of	glass	☐
	wood	☐
	paper	☐
Books are made of	straw	☐
	stone	☐
	paper	☐
Houses are made of	wool	☐
	stone	☐
	plastic	☐
Windows are made of	paper	☐
	plastic	☐
	glass	☐

And what are boys made of?
And what are girls made of?
And what are teachers made of?

Übung 48

Belong to

Dolls belong to	boys □ teachers □ girls □	
Footballs belong to	doctors □ boys □ babies □	
Dresses belong to	boys □ teachers □ girls □	
Chairs belong to	lamps □ tables □ windows □	
Eggs belong to	cows □ dogs □ hens □	
Hens belong to	dogs □ cats □ birds □	

Cowboys belong to — tigers □ rabbits □ cows □

School-bags belong to — grandfathers □ babies □ children □

Pencils belong to — pencil-cases □ boxes □ coffee-pots □

Cupboards belong to — class-rooms □ bed-rooms □ kitchens □

Teachers belong to — taxis □ class-rooms □ buses □

Übung 49

Make a ×!

	right	wrong
1. Cats like fish		
2. In the morning we go to bed		
3. On Sundays we go to school		
4. 6 and 1 make 8		
5. I have 2 arms and 2 legs		
6. Fire is cold		
7. Dogs can swim		
8. Betty is a boy		
9. A bird is bigger than a fly		
10. Girls are good footballers		

Übung 50

What cats like — What dogs like
Make a ×!

	right	wrong
Cats like tomatoes		
Dogs like bananas		
Cats like milk		
Dogs like coca cola		
Cats like fish		
Dogs like bones		
Cats like butter		
Dogs like cheese		

Übung 51

What do you like best?
Make a ×!

I like	milk ☐ lemonade ☐ coca cola ☐	best	I like	sweets ☐ chocolate ☐ candy ☐	best
I like	brown shoes ☐ black shoes ☐ white shoes ☐	best	I like	pullovers ☐ jackets ☐ coats ☐	best
I like	apples ☐ bananas ☐ oranges ☐	best	I like	crackers ☐ cornflakes ☐ bread ☐	best

Rules for good health

Go to bed very early.
Open the window in your bedroom.
Brush your teeth in the evening and in the morning.
Eat slowly.
Drink milk.
Clean your finger-nails.

6. ERSTE GANZTEXTE

So früh wie möglich ist im EU die Sprache immer auch als ein präsentes Ganzes darzubieten. Das muß heißen: *Verstehen und Wiederverstehen, Erzählen und Wiedererzählen* von solchen Ganztexten, die schon am Anfang verstehbar und deshalb auch erzählbar sind. Die Texte oder Textstücke sollten zudem so ausgewählt und dargeboten werden, daß sie sofort auch für die sprachproduktive Eigenaktivität der Schüler im Sinne von Operabilität und Variabilität verfügbar sind.

Es lassen sich am Anfang am besten solche Textstücke verstehen, erzählen und wiedererzählen, die dem Prinzip der Reihung und Wiederholung folgen.[1]

So bietet z. B. das Lied „There was an old lady who swallowed a fly"[2] sich als ein absurd-lustiger Erzähltext an, wenn man umtextet:

> *There was an old lady who swallowed a fly,*
> *And she swallowed a spider to catch the fly,*
> *And she swallowed a bird to catch the spider,*
> *And she swallowed a cat to catch the bird,*
> *etc.*

Dieses Beispiel läßt sich noch weiter variieren:

> L: *The fly is in the spider.*
> S_1: *And the spider is in the bird.*
> Sn: ...

> oder:

> L: *The fly is swallowed by the spider.*
> S_1: *And the spider is swallowed by the bird.*
> Sn: ...

Geschichten, deren Ende zugleich ihr Anfang ist, bieten den Kindern einen besonderen Reiz und motivieren zu stetiger Wiederholung und Fortführung, obwohl sie weniger Gelegenheit zur Textmodifizierung und Eigen-Kodierung bieten.

> *There was an old man who had seven sons.*
> *And the seven sons said, "Father, tell us a story."*
> *And the father began:*
> *There was an old man who had seven sons ...*

---

[1] Siehe dazu: H. Reisener, Das Arbeiten mit ersten Ganztexten im Frühbeginns- und Anfangsunterricht, in: ENGLISCH 1/72.

[2] Let's sing together, Verlag Volk und Wissen, Berlin 1968, S. 74.

In diesen Bereich gehört auch das Lied „There's a hole in my bucket"[1], wie überhaupt gerade vielen Liedern und Reimen Anregungen und Beispiele zu entnehmen sind. Weiterhin üben Geschichten einen besonderen Reiz aus, die der Lehrer den Kindern frei erzählt, wenn sie aus ihrer Umwelt genommen sind und ihrem altersspezifischen Humorverständnis entsprechen. Ganz besonders eignet sich dafür das *Geschichtenerzählen in Fortsetzungen*. Fortsetzungsgeschichten ähneln den Fernsehserien. Mit Vertrautem (Personen und Umgebung) läßt sich stets wieder Neues (Episoden) erschließen. Das Verstehen des Textstückes ist erleichtert durch die Aufforderung, nur einen neuen Teil zu den schon bekannten Teilen *dazuverstehen* zu müssen. In diesem Zusammenhang ist auch auf die Vorteile des Arbeitens mit Fortsetzungsgeschichten beim Hinführen zum Lesen hinzuweisen.[2] Kleine Fortsetzungsgeschichten lassen sich selbst entwerfen. Im folgenden werden zwei Beispiele vorgestellt.[3] Es ist abschließend anzumerken, daß das Angebot von Sprache (also auch von Texten) zum Aufbau eines Sprachumfeldes seine nicht zu unterschätzende Rolle auch im Anfang des EU zu spielen hat. Das muß für jede einzelne Englischstunde mitbedacht sein.

Beispiel 1

Sleepy Peter

Peter likes to sleep in the morning.
It is 7 o'clock. Mother comes.
"Hello, Peter, get up. It is 7 o'clock."
"Oh Mummy, let me sleep. It is so warm in bed."
"No Peter, you must get up quickly.
You must have a wash.
You must brush your teeth.
You must dress quickly.
You must come into the kitchen.
You must have breakfast."
But Peter yawns — and he sleeps.

Peter sleeps and sleeps.
His father comes.
He has a pot of water.
It is cold water.
"Peter, get up, you must go to school."
"Oh Daddy, let me sleep. It is so warm in bed."
"Peter, I have a pot of cold water."
And Peter jumps out of bed.

---

[1] Sing Every Day, a. a. O., S. 32.

[2] H. Reisener, Über das Hinführen zum Lesen im Englischunterricht der Grundstufe, in: ENGLISCH 3/72, S. 69.

[3] Beispiel 1 findet sich in ENGLISCH 1/72.

Peter runs into the bathroom.
He brushes his teeth.
He washes his face, his ears, his eyes, his arms and his body.
Then he runs into his bedroom to dress quickly.
He pulls on his shorts, his pullover, his socks and his sandals.
Then he runs into the bathroom again to comb his hair.
And he runs downstairs to have breakfast in the kitchen.

Peter is in the kitchen with his mother.
Peter is sitting at the table.
"Peter, do you like a cup of milk?" — "No, Mummy."
"Do you like a cup of coffee?" — "No, Mummy."
"Do you like a cup of tea?" — "No, Mummy."
"Do you like a cup of cocoa" — "No, Mummy."
"Oh Peter, what do you like?"
"I like a *glass* of milk, Mummy."
"Oh silly Peter!"
"Peter, do you like bread and butter?" — "No, Mummy."
"What do you like?"
"I like butter and bread, Mummy."
"Oh you silly, silly boy!"
"Peter, you must go to school."
"Yes, Mummy, but I can't find my school-bag."

Peter looks for his school-bag.
Is it in the sitting-room? No, it isn't.
Is it in the bedroom? No, it isn't.
Is it in the bathroom? No, it isn't.
Where is Peter's school-bag?
Peter looks under the chairs. It isn't there.
He looks behind the curtains. It isn't there.
Peter looks and looks. But he cannot find it.
"Oh, Peter, come here."
Peter runs to his mother in the kitchen.
"Peter, I can see your school-bag. Look. It is on the cupboard.
Oh Peter, Peter! And now you must go to school."

Peter goes to school.
"Good-bye, Mummy." — "Good-bye, my boy."
Peter runs to the bus-stop.
The schoolbus is already there.
It is a red schoolbus.
There are many children in it.
The busdriver is just going to start.
"Hey, wait, wait, let me in."
The busdriver stops the bus and opens the door.
"Ah, there is our sleepy Peter. Quick, quick, step in."

Peter is out of breath.
And the children laugh.

School begins at 8 o'clock.
The bell rings.
The children are in the classroom.
But where is Peter?
The teacher comes.
The children sing a song.
The children sit down.
The door opens. Peter comes in.
"Hello, Peter, where have you been? You are late."
"Yes, sir — good morning, sir — I'm sorry, sir. I forgot my school-bag."
"And where was it?"
"It was in the schoolbus."

B e i s p i e l 2

Silly Billy

Mother is in the kitchen and Billy is in the garden playing football with a stone.
Mother opens the window and calls him:
   Hey Billy, can you go shopping for me?
No, Mummy!
   Why not?
I'm playing football!
   But I want you to buy a pound of salt for me!
I don't like salt, I like sugar!
   Oh Billy! And you must buy a bottle of milk!
No Mummy, I don't like milk, I like coke!
   Oh Billy, Billy! And I must have 5 oranges and 10 pounds of potatoes.
10 pounds of oranges and 5 potatoes?
   No, Billy, 5 oranges and 10 pounds of potatoes. Billy, come here and write down
   the shopping-list.
Okay, Mummy, have you got a pencil?
   But where is your pencil, Billy?
Isn't it in my school-bag?
   And where is your school-bag?
It's at school, Mummy.
   Why is it at school?
Because it's a *school*-bag!
   Oh you silly Billy!

Now, Billy, here is a felt-pen. **Write down the shopping-list.**
You begin at the grocer's and buy: **a bag of pepper.**
A bag of peppermints?
   No, pepper! (Billy writes: 'no pepper')
   A glass of jam.
A glass of jam. Yes, Mummy. I like jam.
   And a bottle of lemonade.
And no coke, Mummy?
   No coke, Billy. And a bottle of milk.
And the coke, Mummy?
   No coke, Billy. And a pound of butter.
Yes, Mummy, butter. I like butter.
   And at the greengrocer's please buy 5 oranges!
5 oranges, and no coke?
   No coke, Billy! And 10 pounds of potatoes.
10 pounds! — That's a lot, Mummy! I'm not strong enough!
I must have a coke!
   You are strong enough, Billy!

Billy goes shopping. He enters the grocer's shop.
Good morning, Mr. Miller!
   Good morning, Billy! What can I do for you?
I don't know, Mr. Miller.
   Have you forgotten, Billy?
Yes, I have forgotten, Mr. Miller.
   Have you got a shopping-list, Billy?
A shopping-list? Yes, I have! But where is it?
   Billy, you must look for your shopping-list, will you?
Yes, Mr. Miller.
(Billy looks for his shopping-list. But he cannot find it.)
Where is it?
   Billy, where is your shopping-list? Is it in your shopping-basket?
In my shopping-basket? No, it isn't.
   Is it in your right pocket?
In my right pocket? No, it isn't.
   Is it in your left pocket?
In my left pocket? No, it isn't.
   Oh, Billy, where is your shopping-list?
Here it is, Mr. Miller, it's in my shopping-basket!
   Oh Billy! Can we begin?
Well, let's begin, Mr. Miller!

Billy begins.
First I want **no pepper.**

No pepper?

Yes, no pepper!

But why did you write: no pepper?

Yes, Mother said so: no pepper!

Well, then I won't give you any pepper.

And how much is 'no pepper'?

Oh, Billy, no pepper costs nothing!

Oh, that's very cheap, Mr. Miller!

Billy, please go on with your shopping-list.

Yes, Mr. Miller. I want a glass of jam.

Strawberry-jam?

Yes, strawberry-jam. I like strawberry-jam best. And a bottle of lemonade, but no coke!

Here is a bottle of lemonade!

And a bottle of coke — no, stop, Mr. Miller, a bottle of milk.

Are you a coke-fan, Billy?

Yes, Mr. Miller, I like coke. But Mother says: "No coke!"

Poor Billy! Here is your milk.

It's not *my* milk, Mr. Miller. It's Mother's milk. I don't like milk. And a pound of butter, Mr. Miller.

(Billy gets all the things, puts them into his shopping-basket, pays and says:)

Good bye, Mr. Miller!

Good bye, Billy!

Billy enters the greengrocer's shop.

Good morning, Mr. Potter.

Good morning, Billy. What can I do for you?

I want some fruit and vegetables, Mr. Potter.

Fruit and vegetables?

Yes, Mr. Potter. I'll begin with the fruit: 5 potatoes, please!

Billy, potatoes are not fruit, potatoes are vegetables!

But Mr. Potter, vegetables are green!

Yes, Billy, you are right. And potatoes can become green.

You can do a little test. Put a potato on the window-sill, and after a few days it will be green.

Fine, Mr. Potter, that's what I want to do.

Well, Billy, then try it and come and tell me. — But Billy, only 5 potatoes?

Yes, Mr. Potter, here is my shopping-list: 5 potatoes!

Well, then I'll give you 5 big potatoes.

Thank you, Mr. Potter, but can you give me 6 potatoes? I must have one extra potato for the test on the window-sill.

Yes, Billy, here are your 6 potatoes.

No, Mr. Potter, these are not my 6 potatoes. The sixth potato is for me but the other 5 potatoes are Mother's potatoes. I don't like potatoes.

Well, Billy, can we go on?

Yes, Mr. Potter, 10 pounds of oranges!

10 pounds of oranges. Here you are.
But oranges are fruit, Mr. Potter!
  Yes, Billy, oranges are fruit. You see, they are not green.
  They are orange or yellow.
But before they are ripe they are green, Mr. Potter!
  Yes, Billy, but they become yellow and then they are ripe.
Yes, Mr. Potter, and the potatoes on the window-sill become green, and then they
are ripe?
  On Billy, potatoes are vegetables and vegetables cannot become ripe. Only fruit
  can become ripe!
Yes, Mr. Potter, and fruit can become rotten! Rotten bananas? Rotten apples! Rotten
grapefruit! Rotten lemons!
  Yes, Billy, you are right, you are right!
Yes, and vegetables can be rotten too! Rotten potatoes! Rotten cabbage! Rotten
lettuce! Rotten carrots! Hey, Mr. Potter, carrots are vegetables, but they are not
green! Are carrots vegetables or fruit?
  Oh Billy, carrots are red, but they are vegetables!
Mr. Potter, these apples in your shop, are they ripe?
  Yes, Billy, they are ripe!
But they are green!
  Yes, they are green, but they are ripe!
Isn't that funny, Mr. Potter?
  No, Billy — Yes, Billy — I don't know — You make me so nervous with your green
  carrots and ripe potatoes and rotten tomatoes and all that! There are no rotten
  bananas in my shop and no rotten potatoes and lettuce and I have no rotten
  tomatoes!
I didn't say that, Mr. Potter! There are no tomatoes on my shopping-list. And I don't
like tomatoes. I like coke!
  Please stop talking about your silly green coke, Billy!
But coke is not green, it's brown!
  But perhaps it's green before it is ripe, Billy.
Coke cannot become ripe, Mr. Potter, only fruit can become ripe. You said that!
  Oh Billy, you are too clever for me. You must take the things home to your mother.
  She's waiting for you. You can bring the money tomorrow.
Oh thank you, Mr. Potter, and good bye!
  Good, bye, Billy!
Mr. Potter, what are tomatoes? Are they vegetables or are they fruit?
  In don't know, Billy, I don't know!

————————————

Billy comes home and enters the kitchen.
  Hey Billy, have you got all the things?
Yes, Mummy, and a potato for the window-sill.
  A potato for the window-sill?
Yes, Mummy, to make it green.
  Ah Billy, it is a test.
Yes, it is a test. Mr. Potter told me to put the potato on the window-sill. And after

a few days it will be green. And the other 5 potatoes are for you, Mummy!

5 pounds of potatoes, Billy.

No, Mummy, I bought 5 potatoes and 10 pounds of oranges.

Oh Billy, that's wrong!

No, Mummy, that's right. It's on my shopping-list.

But your shopping-list is wrong! I wanted 5 oranges and 10 pounds of potatoes.

Oh Billy, Billy!

Are you nervous, Mummy?

Yes, I am.

Mr. Potter was nervous, too!

Why was he nervous?

Because of the rotten bananas, and the rotten apples and tomatoes and the green coke, Mummy!

Oh Billy, what nonsense! I don't understand all this. Billy, where is the pepper?

Mr. Miller didn't give me any, Mummy!

Hasn't he got any pepper in his shop?

I don't know, Mummy. I said 'no pepper' and Mr. Miller said: "Then I won't give you any". And then he said: "No pepper costs nothing". Isn't that funny, Mummy?

But why did you say 'no pepper', Billy?

Because you said 'no pepper'!

No, Billy, I didn't!

Yes, you did!

Oh, what nonsense! You said 'peppermints' and I said 'no — pepper'! Did you show Mr. Miller the shopping-list and tell him I said ‚no pepper'?

Yes, I did, Mummy!

Oh Billy, and now Mr. Miller thinks, Billy's mother is silly!

Oh, poor silly mother! Can I go to Mr. Miller and bring you the pepper?

Yes, Billy, and the salt and then the 10 pounds of potatoes, and don't forget your bottle of coke!

Oh, you dear, dear Mummy! (Billy gives her a big loud kiss) You are the best Mummy in the world, and you are not silly!

Billy runs to Mr. Potter and buys 10 pounds of potatoes and then he runs to Mr. Miller and buys the pepper and the salt and a big, big bottle of coke for himself.

7. ANHANG

7.1 Lieder

1. Here comes a big red bus
2. Good morning to you
3. Good morning, oh what a sunny morning
4. Ten little Indians
5. I saw a little bird
6. There's a hole in my bucket
7. This old man
8. Are you sleeping
9. Happy birthday to you
10. For he's a jolly good fellow
11. In and out and round the house
12. Poor Jenny Jones
13. My Bonny is over the Ocean
14. Old Mac Donald had a farm
15. She'll be coming round the mountain[1]
16. Good bye boys, good bye girls[2]
17. What are we doing[3]

7.2 Reime und Rätsel

1. Good morning my friend, give me your hand.

2. Hallo friends, shake hands.

---

[1] H. Rautenhaus (Hrsg.), Sing Every Day, Berlin-Bielefeld 1962, S. 36.
Dieses Lied kann in abgewandelter Form gesungen werden:
She'll be drinking coca-cola . . .
She'll be wearing big pyjamas . . .

[2] Es gibt in den Liederbüchern wenige geeignete Lieder für den Stundenschluß oder die Verabschiedung. Wir singen das folgende Lied:
  Good bye boys, good bye girls,
  we all are going home,
  Good bye boys, good bye girls,
  and ev'ryone good bye.

[3] Dieses Lied folgt einer Anregung, die die Tonbeilage der Zeitschrift ENGLISCH 4/69 bietet. Es handelt sich um ein Beispiel aus W. R. Lee and L. Koullis: The Argonauts' English Course: First Year, OUP, London 1966.
Wir wandelten dieses Lied stark ab (siehe dazu S. 37 f.).

3. I've got ten little fingers.
   I've got ten little toes.
   I've got two ears,
   I've got two eyes,
   And just one little nose.

4. One, two, put on your shoe.
   Three, four, shut the door.
   Five, six, pick up sticks.
   Seven, eight, eat off a plate.
   Nine, ten, say it again.

5. One, two, three, play with me.
   Four, five, six, pick up sticks.
   Seven, eight, nine, walk in line.

6. One little girl sat on the ground,
   One little girl danced round and round,
   One little girl danced here, danced there,
   One little girl danced everywhere.
       Two little girls sat on the ground ...

7. Rain, rain, go away,
   This is mother's washing day,
   Come again, another day.

8. I did, I did, I did,
   I did my work today.
   I did my work today
   And now it's time to play.

9. Mary Ann, Mary Ann,
   Make the porridge in a pan.
   Make it thick, make it thin,
   Make it any way you can.

10. One potato, two potatoes,
    Three potatoes, four,
    Five potatoes, six potatoes,
    Seven potatoes, more.
        One banana ...
        One tomato ...

11. Rain on the grass
    And rain on the tree,
    Rain on the house-top,
    But not on me.

12. Two and two are four,
    I'm behind the door.
    One and one are two,
    And where are you?

13. Swim, fish, swim in the water,
    Swim, fat fish.
    Jump, cat, jump in the water,
    Catch the fat fish.

14. Busy Daisy
    Washes on Monday,
    Irons on Tuesday,
    Shops on Wednesday,
    Sews on Thursday,
    Cleans on Friday,
    Bakes on Saturday,
    Dances on Sunday —
        This is what Daisy
        Does every week.

15. Lazy Daisy
    Sleeps on Monday,
    Wakes on Tuesday,
    Washes on Wednesday,
    Dresses on Thursday,
    Plays on Friday,
    Sings on Saturday,
    Dances on Sunday —
        This is what Daisy
        Does every week.

16. I can walk, but a fish can't walk,
    In can talk, but a bird can't talk,
    A bird can fly, but I can't fly,
    A fish can swim — and so can I!
                          (Michael West)

17. Good — better — best,
    We had an English test,
    Some did badly,
    Some did worse,
    But mine was the best.

18. Open and close,
    Open and close,
    That is a . . .
    And this is my nose.

19. One and two,
    Old is not new,
    New is not old,
    Warm is not cold,
    Cold is not warm,
    Wind is no storm.

20. One, two, I see you,
    One, two, three, you see me!

21. Jumping Jack, jump,
    and good morning to you,
    Jumping Jack, Jumping Jack,
    how do you do?

22. Jumping Jack, Jumping Jack,
    go to the door,
    Jumping Jack, Jumping Jack,
    sit on the floor,
    Jumping Jack, Jumping Jack,
    touch your hair,
    Jumping Jack, Jumping Jack,
    go to your chair.

23. A-B-C, tumble down dee,
    the cat's in the cupboard
    and can't see me.
        A-B-C, tumble down doo . . .

24. My hands have ten fingers.
    My feet have ten toes.
    I write with my fingers.
    I dance on my toes.

25. Some girls are made of sugar,
    They must not go in rain,
    For when the rain falls on these girls
    They won't come back again.

26. *New Year*
    God be here, God be there,
    We wish you all a happy year.
    God without, God within,
    Let the Old Year out and the New Year in.

Die Reime Nr. 3 bis 5 und 10 finden sich in:
  Julian Dakin, Songs and Rhymes, Verlag Longmans, Green & Co. Ltd., London 1968.
Reim Nr. 8 stammt aus: Francis Wilkins, Speaking and moving, The Clarendon Press, London.
Die Reime Nr. 11 bis 15, Nr. 17 und Nr. 24 finden sich in:
  H. J. Lechler and Shirley B. Day, Rhymes and Songs for Beginners, Ernst Klett Verlag,
  Stuttgart 1969.
Der Reim Nr. 16 von Michael West findet sich in:
  Useful Rhymes for Learners of English, Verlag Longmans, Green & Co. Ltd., London.

Let's guess and think:

1. I have no feet, but I have a tail.
   I cannot speak, but I can swim. — What am I?

2. I have two feet and I can fly.
   I cannot speak, but I can sing. — What am I?

3. I have six legs and two eyes.
   I can fly and I can sit on your nose.
   My name begins with 'f' and ends with 'y'. — What am I?

4. I have four legs and a tail.
   I can bark and I like bones. — What am I?

5. I have four paws and a tail and green eyes.
   I like to catch mice. — What am I?

6. I have four paws and a tail and green eyes and a striped body.
   I live in the jungle. — What am I?

(and other animals)

7. I have four legs, but I cannot go.
   I stand in kitchens, in living-rooms and in classrooms.
   People sit on me. — What am I?

8. I have no mouth, but I can speak. And I can make music.
   I am in houses and in cars. — What am I?

9. I am a box, but I can show you the world.
   I stand in living-rooms. Children like me. — What am I?

10. I stand on tables and I hang on walls.
    I have numbers. I help you to speak to your friends.
    I help you to listen to your friends.
    But I cannot help you to see your friends. — What am I?

11. I have doors and windows, but I am not a house.
    You can sit in me, but I am not a room.
    My name begins with 'b'. I can run fast and make noise.
    You find me in the streets. — What am I?

12. I stand in the bedrooms. I have two hands, a long hand and a short hand.
    But my hands are in my face. And there are numbers in my face.
    In the morning I make a lot of noise. People don't like me so very much. —
    What am I?

(and other useful things)

13. I am round and green and yellow and red. Children like me. They eat me. — What am I?

14. I am long and yellow, Monkeys eat me and children eat me. — What am I?

15. I am white. I am in bottles or glasses. Cows give me and children and babies need me. — What am I?
(and other things to eat or to drink)

16. I am made of paper. I cannot speak, but I can tell you a lot. You must open me. I am in your school-bags.
(and other things in the schoolbags)

17. I am made of leather. I have no feet, but I must go, run, jump and dance. I am made for your feet.
(and other clothing)

Some stories with numbers:

1. Jack has got 3 books. Tom has got 2 books.
   How many books have both boys got?

2. Betty has got 2 dolls. Jane has got 4 dolls...

3. Martin has caught 2 fish. He caught 6 more fish...

4. There are 6 children in the playground. 4 are boys...

5. Pam has got 8 balloons. 3 balloons break...

6. There are 10 apples on the table. 4 apples are green, the others are red...

7. There are 7 birds on the roof. 5 birds fly away...

8. Jack has got 9 marbles. He gives 3 marbles to his friend...

9. Tom has got 6 books. 3 books are about cars. The others are about Indians...

10. There are 7 children by the swings. 2 children are swinging. The others are waiting and watching...

11. There are 10 children at the merry-go-round. 6 are boys...

12. Tom's pets are 8 rabbits. 2 rabbits are white. The others are black . . .

13. Mike has his 10 frogs in a big box. 3 frogs get away . . .

14. There are 9 children at the party. 5 are girls . . .

15. Bob buys 5 bananas for the monkeys at the zoo. But there he finds 10 monkeys in the cage . . .

16. 5 children are at play. Then 5 more children come to play, but after a while 3 children must go home . . .

(Go on with other problems and numbers from ten to one hundred and things and animals children like.)

7.3 Lernspiele

Wir sitzen im Kreis, weil wir uns dort alle sehen, besser hören und verstehen und uns gegenseitig auch besser auf den Mund schauen können, weil der Kreis eine Mitte hat und einen Platz zum Spielen bietet, weil schließlich der Lehrer dann auch nur *einer* im Kreise ist, zwar immer noch Moderator des Geschehens, aber gleichzeitig auch echter Partner.[1]

I. 'O n e — t w o — t h r e e' — g a m e s

1. One—two—three, what can you see?
   S$_1$ I can see a pointer! One—two—three, what can you see?
   S$_2$ I can see six lamps! . . .

2. Der rechte Stuhl neben dem Lehrer ist frei:
   L One—two—three, please Billy come to me!
   Nun ist Billy's Stuhl frei, und der links davon sitzende Schüler fährt fort:
   S$_1$ One—two—three, please Betty come to me! . . .
   Modifizierung: Damit nicht nur die miteinander besser bekannten Schüler ins Spiel gelangen, kann man das Spiel mit kleinen Regeln steuern, z. B.:
   The boys ask the girls and the girls the boys, oder:
   children with brown shoes   — black shoes
                long hair — short hair

3. Dieses Spiel kann auch zur Sicherung und Übung der Ordnungszahlen gespielt werden:

---

[1] Vergl. S. 55 f.!

L One—two—three, the third child comes to me!
(Gemeint ist dann der vom leeren Stuhl aus abgezählte dritte Schüler. Der links von dem neuen leeren Stuhl sitzende Schüler setzt dann fort.)

4. Dieses Spiel läßt sich auch noch in eine leichtere Form abwandeln, die dann gleichzeitig ein Verstehenstest sein kann:
Der L steht in der Mitte des Kreises und ruft ein durch Nennung eines optischen Merkmals (z. B. Kleidung) bestimmtes Kind an seinen Platz, das nun seinerseits das Spiel fortsetzt, während der L sich auf dessen Platz setzt.
L One—two—three, the girl with the blue dress comes to me!
S_1 One—two—three, the boy with long brown boots . . .
S_2 . . . , the child with . . .

5. One—two—three—four, Billy must go to the door
           . . .   run to
                     jump to
                     open
                     shut

6. Der Kreis ist unser Haus. Einige Kinder sind „draußen", es regnet, und sie begehren Einlaß. Für jedes draußen stehende Kind gibt es eine (vorher geheim vereinbarte) Tür, die es durch Fragen finden muß. So ist z. B. Billy, der im Kreis sitzt, die Tür für Betty, und er darf sie nur für Betty öffnen.
Betty zu S_1: One—two—three—four, please open the door!
S_1: One—two—three—four, I cannot open the door!
. . .
Betty zu Billy: One—two—three—four, please open the door!
Billy: One—two—three—four, I open the door!

II. Guessing-games

1. What's in my box? (hands, pocket, bag, basket . . .)

2. What can you hear in my bag? (box, hands, pocket . . .)

3. There's something in my pot, it can be cold or hot!
S_1 Is it water? (milk tea . . .)

4. I see a pullover, it is green! (dress, jacket . . .)
S_1 Is it Billy's pullover?

5. I see a thing in our classroom
S_1 Is it made of wood?
                   glass   leather
                   plastic   iron . . .
Is it a . . .?

6. *Picture-guided guessing-games (Haftelemente):*
Auf der Hafttafel wird mit Streifen ein Tisch angedeutet; eine Reihe von Gegenständen liegt daneben (z. B. a spoon, a cup, a plate, a knife . . .). Die Hafttafel
wird umgedreht, und der L legt ein Element auf den Tisch und läßt fragen:
S₁ Is the spoon on the table?

. . .

Wer es erraten hat, darf fortfahren und einen anderen Gegenstand auf den Tisch
legen.

7. *Modifizierungen:*
Tisch und Spielzeug
basket for picnic
school-bag
Kleiderschrank und Kleidungsstücke
. . .

8. *Weitere Modifizierungen:*
Zum Einüben und Sichern von Intonation und Betonung (z. B. Fragebildung):
Eine fiktive Person und mehrere Kleidungsstücke:
Has Peter the *jacket* on?
     coat
    . . .
Mehrere Personen und ein Kleidungsstück:
Has *Peter* the hat on?
 Betty
 . . .
Ein Fahrzeug, mehrere Personen — vice versa:
Does *Betty* go by car? — Does Peter go by *car*?
 Billy   *bus*
 . . .   . . .
Mehrere Personen und ein Gegenstand zum Essen — vice versa:
Does *Peter* eat the apple? — Does Peter eat an *apple*?
 Billy   *a banana*
 . . .   . . .
Oder:
There's a mouse in the house!
Where's the mouse?
Is the mouse *on* the sofa? — Is the mouse in the *box*?
   under   *cupboard*
   behind   *shoe*
          . . .

9. *The ‚Big Ben'-game*
Der L schlägt mit einem Schlaginstrument (z. B. mit einem Instrument aus dem
Orff-Instrumentarium) hinter der Tafel die vollen Stunden. Die Schüler sollen
sagen, wie spät es ist.
Später kann dieses Spiel abgewandelt werden:

Der L schlägt mit einem zweiten (unterschiedlich klingenden) Schlaginstrument auch noch die halben und viertel Stunden an.

III. Chains

1. Good morning my friend, give me your hand ...

2. My name is Billy and yours?

3. We've got a red car and you?

4. I got to bed at seven o'clock and you?

5. I like spaghetti best and you?
...

IV. 'Open-end'-stories

1. S_1 I go to the market and buy some eggs.
   S_2 I go to the market and buy some eggs and some apples.
            ...

   (I go to the grocer's ...)
           stationer's
           baker's
           ...

   Oder:
   S_1 In my room I've got an arm-chair.
   S_2 In my room I've got an arm-chair and a book-shelf.
       ...

   (In our house we've got ...)
           kitchen
           garden
           ...

   Oder:
   S_1 I help my mother and wash the cups.
   S_2 I help my mother and wash the cups and the saucers.
       ...

(I help my	father and	clean the	cups.)
	friend	brush	plates
	...	dry	car
		sweep	kitchen
		...	...

2. The teacher has got an old umbrella. He does not want it and leaves it at the stationer's.
The stationer has got an old umbrella. He does not want it and leaves it at the baker's ...
Oder: Billy has got a rotten apple ...

V. Grammar-games

1. The boys like — the girls don't like (and vice versa).
   Billy: I like coke — Betty: I don't like coke.
   I like football — Betty: ...
   Oder: I can swim — I cannot swim.
   . . .
   I've got books — ...
   . . .
   I help my mother — ...
   . . .
   Oder: I've got one ball — I've got many balls.
   a lot of
   lots of

   (and vice versa)

2. Our little brother Ben is two years old. He is a great imitator. He likes to do what we do. F. i.:

We drink coke	—	He drinks coke, too
We wash our hands	—	He washes his hands, too
We do our homework	—	He does his homework, too
Father and Grandfather smoke	—	He smokes, too
Mother and Betty bake a cake	—	He bakes a cake, too

Oder: ... and so does Ben

3. Spiele dieser Art können auch an fiktive Personen gebunden werden, damit die Kinder Rollen übernehmen können. Wir wählten in unserem Unterricht die Leitfiguren ‚Flip' and ‚Flop' in Anlehnung an das frühere Lehrwerk „Easy English with Flip Flop".[1]
Der L zeichnet ‚Flip' und ‚Flop' an die Tafel: Die Kinder stellen sich unter die jeweilige Skizze, übernehmen die Rollen und entwickeln Dialoge:

Flip	Flop
I can swim	I cannot swim
I like books	I don't like books
I help my mother	. . .
. . .	

---

[1] Easy English with Flip Flop, Lambert Lensing, Dortmund 1961.

VI. 'F i n d — t h e — s t r a n g e r' — g a m e s (Use your ears!)

1. *Phonetisch:*
   ball — all — wall — pot — small — tall
   go — show — snow — mouse — nose — no . . .
   . . .

2. *Inhaltlich:*
   chair — table — lamp — taxi — sofa
   egg — bread — butter — bus — roll — jam
   milk — coffee — pencil — tea — lemonade
   cup — plate — glass — bed — spoon — fork

VII. A — B — C — g a m e s

1. This Alphabet is mixed up! Find the right order: A B D C F E G H . . .

2. Find words beginning with the same letter: F. i. names with a 'B': Billy, Betty, Bob, Ben . . .

3. Find the missing letter: no_, _rm, h_nd . . .

4. From word to word: S_1 car, S_2 radio, S_3 open . . .

5. The letters have got numbers. We play anagrams:
   F. i. L: Good morning 2—5—14! (= Ben)
   Ben zu S_2: Good morning 2—9—12—12—25 (= Billy) . . .

VIII. I n o u r t o w n — i n c r a z y t o w n (or in Topsy-Turvy Land)[1]

S_1 In crazy town the children go to bed in the morning.
S_2 In our town the children go to bed in the evening.
S_3 In crazy town the children go to school by night.
S_4 In our town . . .
   In crazy town:
   People wear their hats upon their feet.
   Boats sail on the roads.
   You buy your shoes at the baker's.
   Mice catch cats.
   . . .

---

[1] ‚Topsy-Turvy Land‘ in: Time for a Rhyme, Cornelsen, Berlin-Bielefeld 1969.

```
our town                        crazy town
Children  go to school          don't go to school
          can swim              . . .
          like books
          brush their teeth
          are busy
          help their mothers
```

Wir verzichten bewußt auf feste und regelgeführte Lernspiele und sehen einen besonderen Wert in solchen Spielen, die je nach Einfallsreichtum, Phantasie und Wendigkeit des Lehrers und der Schüler erweitert, modifiziert und variiert werden können. Oft genug sind es auch die Kinder, die immer neue Abwandlungen finden. Gerade diese Anregungen sind dann besonders dankbar aufzugreifen.

8. EINIGE BUCHHINWEISE

Es fällt zuweilen schwer, aus dem reichhaltigen Fachbuch-Angebot das für den unmittelbaren unterrichtlichen Bedarf angemessene Werk auszuwählen. Die im folgenden aufgezählten Bücher bieten für die hauptsächlich betroffenen Bereiche des Anfangsunterrichts erste und schnelle Zugriffsmöglichkeiten und sollten in Reichweite des Lehrers stehen. Anzumerken ist, daß sie auch nach dem Gesichtspunkt des für einen Lehrer als tragbar zu wertenden Preises ausgewählt wurden.

8.1 Hilfreiche Wörterbücher

1. The Advanced Learner's Dictionary of Current English, second edition, Oxford University Press, London

2. The Progressive English Dictionary, second edition 1972, Oxford University Press, London

3. Collins Language Dictionaries, German-English/English-German, London 1969

4. BBC Pronouncing Dictionary of British Names, London 1971, Oxford University Press

5. Daniel Jones, Everyman's English Pronouncing Dictionary, London—New York oder auch:

6. J. Windsor Lewis, A concise Pronouncing Dictionary of British and American English, Oxford University Press, London, 1972

7. Günther Scherer, 2500 Grundwörter Englisch-Deutsch, Cornelsen

8. Erich Weis, Grund- und Aufbauwortschatz Englisch, Klett

8.2 Sprache allgemein

1. Adolf Lamprecht, Grammatik der englischen Sprache, Verlag Franz Cornelsen und Volk und Wissen, Volkseigener Verlag, Berlin 1970

2. J. Tennant, A Handbook of English Usage, Longmans London

3. S. Potter, Our Language, Pelican Books

4. F. G. French, English in Tables, Oxford University Press

5. W. J. Ball, A Practical Guide to Colloquial Idiom, Longmans, London

8.3 Reime und Lieder

1. G. Wiemer, Time for a Rhyme, Cornelsen, 1969

2. J. Dakin, Songs and Rhymes for the Teaching of English, Longmans, London 1968

3. Rhymes and Songs for Beginners, Klett, o. J.

4. Little Poems for Boys and Girls, Westermann

5. Book of English Songs, Klett

6. It's fun to sing, Diesterweg

7. Let's Sing Together, Verlag Volk und Wissen, Berlin

8. 50 Favourite Songs from Britain and America, Cornelsen

9. **Sing Every Day, Cornelsen**

10. British and American Songs, Westermann

11. Time for a song, Longmans, London 1963

9. WEITERE HILFEN UND HINWEISE

Im folgenden sind wichtige Informationsquellen genannt, aus denen Lehrer und Studenten wirksame Hilfen schöpfen können.

9. 1 Zeitschriften für den Englischunterricht

1. ENGLISCH, Cornelsen, Bielefeld

2. Fremdsprachenunterricht, Volk und Wissen, Berlin-Ost

3. Praxis des neusprachlichen Unterrichts, Lambert Lensing, Dortmund

4. Der Fremdsprachliche Unterricht, Klett, Stuttgart

5. Die Neueren Sprachen, Diesterweg, Frankfurt/M.

9.2 Medien für den Englischunterricht

Eine umfassende und umfangreiche Dokumentation legen vor Klaus H. Köhring, J. Tudor Morris, K. E. Reinhard in der Informationsbeilage „Lehrmittel Aktuell" in ,Westermanns Pädagogische Beiträge' 1/71 und in ,Die Grundschule' 1/71 (Westermann): „Unterrichtsmittel im Englischunterricht". Diese Dokumentation gibt eine Synopse aller Quellen zu Fragen des Medieneinsatzes im EU.

9.3 Viele Anregungen für den Anfangsunterricht lassen sich aus den bisherigen Veröffentlichungen über den Fremdsprachenunterricht in der Grundschule herleiten. Helmut Sauer hat es unternommen, diese Veröffentlichungen zusammenzustellen und kurz zu erläutern: H. Sauer, Annotierte Bibliographie zum Fremdsprachenunterricht in der Grundschule, in: Westermanns Pädagogische Beiträge 12/70. Siehe auch H. Sauer, in: Die Grundschule 6/72.

9.4 Eine sehr hilfreiche Zusammenfassung der Fragen des mediengestützten Unterrichts bietet Erhard Bergmann an mit dem Buch „Audiovisuelle Mittel in der modernen Schule", Bayerischer Schulbuchverlag, München 1970. Das Buch enthält einen Katalog der Anschriften wichtiger Hersteller und Verleiher von Medien und Medienträgern.

9.5 Heinrich Schrand bietet außerdem noch eine Zusammenstellung von Übungsbändern für das Sprachlabor an in: Probleme, Prioritäten, Perspektiven des fremdsprachlichen Unterrichts, Diesterweg, Frankfurt/M., 1972, S. 166 ff.

9.6 Für weitere (in diesem Rahmen nicht mehr mögliche) Auskünfte muß schließlich ganz besonders auf das Informationszentrum für Fremdsprachenforschung (IFS) hingewiesen werden. Es hält die wesentlichen den Fremdsprachenunterricht betreffenden Informationen auf dem neuesten Stand stets zur Verfügung: Informationszentrum für Fremdsprachenforschung der Philipps-Universität Marburg, 355 Marburg/Lahn, Postfach.

9.7 Zum Schluß sei noch auf zwei Informationsquellen hingewiesen, die darüber Auskunft geben, was auf dem Gebiet des Englischunterrichts in Lehre, Forschung und Ausbildung an den Universitäten und Pädagogischen Hochschulen im Lande geschieht. Beide Informationen erscheinen zweimal im Jahr:

1. Englische Philologie, Anglistik und Amerikanistik, INFORMATIONEN, herausgegeben vom Anglistischen Institut der Universität des Saarlandes unter Leitung von Prof. Dr. Thomas Finkenstaedt.

2. Informationen zur Didaktik des Englischunterrichts und der Anglistik, herausgegeben von Konrad Schröder, Frankfurt/M., in Verbindung mit Th. Finkenstaedt, Saarbrücken.

10. BIBLIOGRAPHIE

F. L. Billows, The Techniques of Language Teaching, Longmans, London 1967

A. Burkhardt - R. Telling, Let's Sing Together, Volk und Wissen Volkseigener Verlag, Berlin 1968

J. B. Carroll, The Study of Language, Harvard University Press, Cambridge 1968[7]

J. Dakin, Songs and Rhymes for the Teaching of English, Longmans, London 1968

P. Doyé, Systematische Wortschatzvermittlung im Englischunterricht, Schroedel, Hannover 1971. Nr. 7 der Reihe: Moderner Englischunterricht — Arbeitshilfen für die Praxis

R. Fromm - H. Reiß, Englisch in der Grundschule, in: Zeitnahe Schularbeit 8, Verlag Landesanstalt für Erziehung und Unterricht, Stuttgart 1969

I. v. Hardenberg, Arbeitsformen und Arbeitsmittel für den Englischunterricht des 2. Schuljahres, in: ENGLISCH 2/69, Cornelsen, Berlin-Bielefeld

H. J. Lechler - S. B. Day, Rhymes and Songs for Beginners, Ernst Klett Verlag, Stuttgart 1969

W. F. Mackey, Language Teaching Analysis, Longmans, London 1969

J. D. O'Connor, Recent Work in English Phonetics, in: Sol Saporta, Psycholinguistics, Holt, Rinehart & Winston 1961, — 3 Speech Perception, p. 97

H. E. Piepho, Die ersten Wochen Englischunterricht, Schroedel, Hannover 1968. Nr. 1 der Reihe: Moderner Englischunterricht — Arbeitshilfen für die Praxis

H. E. Piepho - N. Köhling, Easy English with Flip Flop, Lambert Lensing, Dortmund 1961

H. Rautenhaus (Hrsg.), Sing Every Day, Cornelsen, Berlin-Bielefeld 1962

H. Reisener, Zum Problem der Sprechsituation im Englischunterricht, in: ENGLISCH 4/69

H. Reisener, Das Arbeiten mit ersten Ganztexten im Frühbeginns- und Anfangsunterricht, in: ENGLISCH 1/72

H. Reisener, Über das Hinführen zum Lesen im Englischunterricht der Grundstufe, in: ENGLISCH 3/72

D. Schiebeck, Ein Versuch zum Frühbeginn des Englischunterrichts in Bochum, in: ENGLISCH 3/69

L. Weidner - T. Morris, „Little" and „Small", in: ENGLISCH 1/70

G. Wiemer, Time for a Rhyme, Cornelsen, Berlin-Bielefeld 1969

Quellenverzeichnis

Für die freundliche Abdrucksgenehmigung der im folgenden aufgeführten Texte sei den entsprechenden Autoren und Verlagen herzlich gedankt:

S. 115: Die Reime 3—5 und 10 finden sich in: Julian Dakin, Songs and Rhymes, Verlag Longmans, Green & Co. Ltd., London 1968.

S. 115: Reim Nr. 8 stammt aus: Francis Wilkins, Speaking and moving, The Clarendon Press, London.

S. 115 ff: Die Reime Nr. 11, 12, 13, 14, 15, 17 und 24 sind entnommen aus: H. J. Lechler und Shirley B. Day, Rhymes and Songs for Beginners, Ernst Klett Verlag, Stuttgart 1969.

S. 116: Der Reim Nr. 16 von Michael West findet sich in: Useful Rhymes for Learners of English, Verlag Longmans, Green & Co. Ltd., London.

S. 116 f: Die Reime Nr. 18 und 19 stammen von Frau v. Hardenberg, Deutsch Evern.